フランスの高校生が学んでいる 哲学の教科書

シャルル・ペパン
永田千奈 訳

草思社

はじめに

私にとって哲学は喜びと切っても切り離せないものだ。考えることで力を得て、強く生きていくことは喜びなのである。だが、哲学の「教科書」に喜びを期待する読者はそう多くないだろう。それでも、いつしか「実存的な教科書」をつくりたいという思いが強まっていった。

授業や講演などで、実に様々な人たちと出会い、そのたびに、哲学が現代社会に「通用する」ということ、もしくは「通用しない」とはどういうことかを実感してきた。雑誌『フィロゾフィー・マガジン』で、月に一回、読者の質問に答えているときにも同じ印象を抱いた。今までとは違う哲学の教科書を書いてみようと思ったのは、それがきっかけである。

古典的な哲学書も引用するけれど、あくまでも短く、要点のみにとどめる。

有名哲学者も紹介はするけれど、称賛だけではなく、問題発言と現代にも役立つ部分の両方に焦点を当てる。

欲望、真実、幸福といった主要テーマを扱うけれど、「どんな分野にも通底する問題」としてできる限り根源まで掘り下げる。

日々の生活の中に重要な哲学的命題が問われていることを示し、日常と乖離《かいり》しない哲学を目指す。

哲学なんて何の役にも立たないと思っている人たちからの質問にも真摯《しんし》に答える。


私はふたつの原則に従って本書を執筆した。

ひとつめは「一度も間違わないよりも、間違ってから訂正したほうがいい」。もうひとつは、「到達不可能な完璧を目指すよりも、ものの見方を考える」。

この本は考えるための教科書であり、生きるための教科書でもある。哲学の試験を受ける学生だけではなく、プラトンの恋愛観や、スピノザの神の捉え方、ヘーゲルの幸福論に関心のあるすべての人に向けて開かれた本なのだ。

シャルル・ペパン

目次

フランスの高校生が学んでいる
哲学の教科書

■はじめに 3

1 主体
「私」は私ひとりだけのものか、それとも他者との関係で定義されるものなのか …… 10

2 文化
文化とは自然なことか、それとも自然に反することか …… 34

3
理性と現実
理性は現実を捉えることができるのか、それとも現実は理性では捉えきれないものなのか
……55

4
政治
政治は現実的であるべきか、理想を目指すべきか
……79

5
道徳
道徳は現実に存在するのか、ただの幻想なのか
……98

■キーワード解説　116

・絶対と相対　116
・抽象と具象　119
・現実態と可能態　122
・分析と総括　123
・原因と目的　125
・偶発性、必然性、可能性　126
・知ると信じる　128
・本質的（エッセンシャル）と非本質的（アクシデンタル）　130
・説明と理解　131
・法的な権利と現実　133
・形（形相）と素材（質料）　134
・属、種、個人　136
・理想と現実　137
・同一、平等、差異　139
・直観的と論証的　142
・合法性と正当性　143
・直接（媒介なし）と間接（媒介あり）　145
・客観と主観　146
・義務と強制　147
・起源と根拠　149
・論破と納得　150
・類似と類比　152
・原理と結果　153
・理論と実践　154
・超越的と内在的　156
・普遍、全般、個人、個別　157

■バカロレア試験対策　実践編　159

■おわりに　171
■訳者あとがき　177
■解説「フランスの高校生はどのように
哲学を学んでいるのか？」　坂本尚志　181
■哲学者索引　190

1 主体

「私」は私ひとりだけのものか、それとも他者との関係で定義されるものなのか

「私は考える」というときの主体である「私」、「私は幸せだ」「私はシャルル・ペパンです」というときの主語である「私」は、「自己規定」である。考えたり、幸せを感じたりするのに他者の存在は必要がないし、今、自分が考えているということ、幸せな状態にあるということは、他者の存在がなくても自覚できる。

だが、その一方で、他者との関係によって、自分の考えや幸福の度合を「意識させられる」こともある。これが、サルトルやメルロ＝ポンティが「相互主観性」と呼んだものである。つまり、主体は、独立して定義されるともいえるし、相対的なものであるともいえ

る。

「意識」という概念は、確かにこの一見矛盾する絶対性と相対性の両方から考えることができる。例えば、デカルトの「われ思う。ゆえにわれあり」は、自分の存在が他者に依存するものではなく、自意識（コギト）によるものであることを示している。

〈われ思う。ゆえにわれあり〉

「「わたしは考える、ゆえにわたしは存在する」というこの真理は、懐疑論者たちのどんな途方もない想定といえども揺るがしえないほど堅固で確実なのを認め、この真理を、求めていた哲学の第一原理として、ためらうことなく受け入れられる、と判断した」

デカルト『方法序説』（谷川多佳子訳、岩波文庫）

この場合、「私」という主体は、他者の存在がなくても自意識をもち、自分の存在を自覚できる。そもそも、主体と自意識の関係性を示すのが、デカルトの唯我論なのだ。

だが、自分が何者であるかを知るのに他人の存在が必要であるのならば、「自意識」の意味が変わってくる。自意識は「客観的」に認知されることを求めるのだ。

意識は他者との出会いを前提とする。ヘーゲルによると他者と出会う前の主体は「主観的な意識」にすぎず、ぼんやりとした感情としてしか自分を意識することができないということになる。ヘーゲルによれば他者との関係があってはじめて、主体はその存在意義を客観的に意識することができるのだ。

私たちは他人の力を借りて、自分を客観的に意識する。有名な「主人と奴隷の弁証法」はこうして生まれた。つまり、労働する奴隷、共同作業に従事する奴隷は、孤立し、ただ自分の主観的な感情のなかに閉じ込められている主人よりも、自分のことがわかっている。「相互主観性」という用語は彼が提言したものではないが、ヘーゲルは、「相互主観性」について考えた最初の偉大な哲学者だと言えるだろう。

〈ヘーゲルと承認欲求〉

「人間が人間的であるのは、他の人間に自己を押しつけ、彼に自己を承認させようとする限りでのことである、との意味である。当初、いまだ実際に他者に承認されていない限り、彼の行動の目標はこの他者であり、彼の人間的な価値と実在性とはこの他者に、この他者の承認に依存しており、かくて彼の生命の意味はこの他者の中に凝縮される」

アレクサンドル・コジェーヴ『ヘーゲル読解入門』（上妻精・今野雅方訳、国文社）

無意識と他者

この命題はそのまま無意識という概念にもつながる。フロイトのように無意識が存在すると考えるなら、それはまさに主体が単独では成立しえず、他者との関係において構築されている証しではないか。

抑圧があるから無意識が生まれる。社会的、道徳的な禁忌を押しつける他人（両親や社会）が存在するからこそ、抑圧が生じ、無意識が生まれるのだ。無意識は、子どもが他者（パパ、ママ、名付け親、祖母、兄弟、ジャスティン・ティンバーレイク）と出会い、次々と新たな自分を発見することで人格形成が進行するなかで生まれる。

そもそも、われわれは他者に囲まれて暮らし、社会生活に不都合だという理由で自然な感情の一部を抑えることを文明によって強要されているからこそ、無意識が誕生したのだ。

意識の問題は、知覚の問題でもある。もし、「私」が自分だけで成立するものであるなら、他者の存在がなくても世界を認識できるはずである。だが、もし、メルロ＝ポンティのいうように、「私」が相互主観性のなかでしか成立しないものであれば、世界の認知そのものの意味が変わってくる。

というのも、他者も同じ世界を見ているという前提がなければ、「私」は世界を認識することができないということになり、そこには共通の世界観が存在するということになるからだ。つまり、見る「主体」と見られる「客体」の間には、他者が介在する。

自己規定が可能ならば、渋滞のさなか私が前方の車両を「見る」のは、私が主体であり、世界を俯瞰《ふかん》することができるから、その車両を見ることができるということになる。反対に、相互主観性から考えれば、私がその車両を見ることができるのは、「私」も「車両」も、他の多くの主体である人たちも同じ世界に属しているからだということになる。

「われわれは独りだけで正義であることはできないし、自分だけが正義だということは、正義であることを止めることだからです」

メルロ＝ポンティ「哲学をたたえて」（滝浦静雄・木田元訳『眼と精神』みすず書房所収）

「画家や彫刻家が風景の中や記念像のすぐ近くに人物を配置するとき、それは付属物に対する好みからそうするのではない。人物は比率を与え、さらにこれはもっと重要なことだが、さまざまな可能な観点を構成し、このあり得べき観点が、必要不可欠な潜在性を持つ観察者の観点を現実の観点につけ加える」

ミシェル・トゥルニエ『フライデーあるいは太平洋の冥界』（榊原晃三訳、岩波現代選書）

他人を基準とするかどうかは、自己規定の命題に直接かかわってくる。つまり、「主体」が独立したものなら、他者は、自意識の活動からも、私が世界をどう見るかという認知の問題からも除外されるはずである。だが、ヘーゲルやサルトルやメルロ＝ポンティが言うように、主体が他者を基準として存在するなら、私が私を自認するその中核に他者がいることになる。

精神分析は、この考え方をさらに徹底し、発展させている。フロイトのいう「転移」とは、「主体」が分析家とともに父や母、兄弟などの重要な人間関係を追体験し、それらの人物が自分にどんな意味をもち、どんな影響を与えてきたのかを明らかにする過程を示しているのだ。分析家という非常に特殊な「他者」と関係をもつことではじめて、患者は自分の「無意識」を掘り起こし、変えていくことができる。

〈知覚野の構造としての他者〉

「他者は私の知覚野の中に現れる客体ではなく、私を知覚する別の主体でもないのだ。他者とはなによりもまず、それがなければわれわれの知覚野の総体が思うように機能し得なくなる様な、知覚野の構造そのものなのである。この構造〔としての他者〕は現実の人物、様々な主体、例えば、あなたにとっての私、私にとってのあなた、という現実の人物、主体において機能しているかもしれない。しかしその事実は、他者という構造がわれわれの知覚野の一般的機能条件として、自身の知覚の組織においてそれを機能させている各項――すなわちあなた、私といった項――に先在しているということを否定しはしない。（中略）例えば、恐怖に歪んだ顔、それは私がまだ見たことのない可能的な脅迫的世界、あるいは世界における何かしら恐るべきものの表現である」

ジル・ドゥルーズ『原子と分身』（原田佳彦・丹生谷貴志訳、哲学書房）

〈偉大なる神よ、そのうちのだれか、だれかなのです〉

「目の錯覚、幻影、幻視、白日夢、幻覚、妄想、幻聴……などを防ぐのにいちばん堅固な砦は、われわれの兄弟であり、隣人であり、友人もしくは敵であるが、しかし、おお、偉大なる神よ、そのうちのだれか、だれかなのです！」

ミシェル・トゥルニエ『フライデーあるいは太平洋の冥界』（榊原晃三訳、岩波現代選書）

欲望と他者

他者との関係について考えることは、欲望という問題に直結している。もし、主体が自己規定できるものなら、欲望に対処するとき、もしくは、複数の欲望を裁定するときも単独で決断することになる。

これはまさにデカルトのいう意味での「自由」であり、「自由意志」というものだ。「主体の意識」は、欲望の対象からも、他者からも独立していることになる。

さて、反対に、主体は相互主観性によるものだとしよう。自身の欲望と「私」の間には他者がいることになる。こうなると欲望は他人の真似をするようになる。「私」は他人が求めるものを欲しくなる。さらには、欲望を抱くためには「他者」が必要だということになり、もしかすると、ヘーゲルがいうように、私が抱いた欲望の意味を他人が承認しなければ、私はその欲望の「主体」として認めてもらえないということにさえなる。この人間と欲望の独特の結びつきこそが人間の特性だとヘーゲルは言っている。

欲望を満たそうとするところまでは動物と同じだが、人間は、欲望が満たされるだけでは満足できない。人間はそれ以上のことを求める。欲望が満たされ、さらにその欲望が他者によって認められること、欲望にこめられた「意味」が理解されることを望むのだ。

時間と主体

存在や時間の意味も主体の捉え方によって変わってくる。「主体」が単独で存在するものならば、ある意味、その状態は永遠に保持される。その存在意義は、他者の存在や生活といった、人生のなかで得る「経験」から独立したものになるはずだ。

だが、主体が相互主観性によるものならば、「主体」は生きている間ずっと、新しい出会いがあるたびに、再定義され、方向を変え、修正されていくことになる。他者との出会いのなかで「主体」が新たな価値を得ていくことができるのは「生きている間」だけであり、時間という概念にも特別な意味が生まれる。

これは、相互主観性の哲学者サルトルの「人間はその人の行動の集積でしかない」という主張そのものである。自分が何者であるかを主体が自覚し、その存在意義を客観的に考えるには一生かかる。生という限定的な時間のなかにあって人間は自由なのだ。だが時間が止まり、その人が一生を終えると、人はようやく自由ではなくなる、とサルトルはいう。生きている限り、人は自由で、常に変化する。そして、死んではじめて「運命」が決まる。それが終わりであり、死なのだ。

〈サルトルと相互主観性〉

「こうして、コギトによって直接におのれを捉える人間は、すべての他者をも発見する。しかも他者を自己の存在条件として発見するのである。彼は他人がそうと認めないかぎり（彼は機知に富むとか、意地が悪いとか、嫉妬ぶかいとか人がいうその意味で）自分が何ものでもありえないことを理解している。私にかんしてのある真実を握るためには、私は他者をとおってこなければならない。他者は、私が自分にかんしてもつ認識に不可欠であるとともに、私の存在にとっても不可欠である。（中略）こうしてわれわれは、ただちに、相互主体性とわれわれの呼ぶ一つの世界を発見する。人間はこの世界においてこそ、現に自分があるところのものと、他者があるところのものとを決定するのである」

サルトル「実存主義はヒューマニズムである」
（伊吹武彦訳『実存主義とは何か』人文書院所収）

「物語というものは、それを語りうる者の身にだけ起きる」〔訳注：ポール・オースター『鍵のかかった部屋』（柴田元幸訳、白水Uブックス）の一節〕といえばわかりやすいかもしれない。この言葉はサルトルにぴったりだ。

質問と回答

「本当になりたいものは何か、どうすればわかるのか」

哲学者にこんな質問をしたら、内省や論理的な考察を推奨し、世間の喧騒から離れ、自身の内なる欲望に耳を傾けよという答えが返ってくると思っている人が多いのではないだろうか。

だが、それは誤解である。デカルト、ヘーゲル、アラン、サルトルなど何人もの哲学者、いや、かなりの数の哲学者がそれを知るには、行動を起こすこと、その選択が正しいか否かを知るにはまずひとつの道を選んで歩き出すしかないとしている。

なぜ行動が推奨されるのか。すぐに浮かぶ理由は、考察だけですべての問題を解決できるわけではないからである（デカルト風に言うなら、悟性は限定的なものだからということになる)。大学に行くか、専門学校に行くか、どちらを選ぶにしろ、人それぞれに理由はあるだろう。だが、「悟性」で想像しても限界はある。どちらの選択肢があなたの人生、その生き甲斐に直結するものかを断定することはできない。それでも、決めなくてはならない。知性ではなく、意志の力で「決断」するのだ。

アランは、デカルトが「行動の世界」と「形而上学的真理の世界」を区別していることを例にとり、「行動の秘訣は、行動を起こすことだ」と書いている。行動の世界において、私たちはその選択の意味や結果を確信することはできない。だが、疑念を抱きつつも行動する勇気、つまり、はっきりしない部分に一歩踏み出すことが重要なのだ。

だから、私としてはデカルトと同様、あなたにこう言いたい。自分が何を目指すべきか本当の意味で知ることは難しい。でも、何が正しいかわからなくても自分で選ぶことはできる。それがあなたの強みなのだ。

一方、それに取り組むことが、あなたにとって、人間的な能力、知性や感性、想像力を伸ばすことが可能になるような分野があるなら、それがあなたの適性だと言える。自分とその分野の相性がいいということだ。どんな出会いにも言えることだが(そしてまた、だからこそ出会いは美しいのだが)、人はあらかじめ、その出会いが自分の人生にどんな影響をおよぼすかを予想することはできない。そこに踏み込んでみないことには、それが「本当に自分がやりたいこと」に通じる道なのかを知ることができない。それでいいのだ。

最後にもうひとつ。「あなたが本当にやりたいこと」に少なくとも何らかの意味があるのかという問題だ。それをやり遂げるには、「本質」つまり天性が必要かもしれない。サルトルなら、「本質」には意味がないというだろう。あなたは「実存」であって、「本質」ではない。実存は本質に先行する。それなら、あなたが何を本当にやりたいと思おうがかまわない。あなたはあれにもこれにもなれるし、自分がこれからすることが「あなた」を定義する。

あなたの悩む気持ちもわかる。進路の選択を間違うかもしれない。もしかすると一年を無駄にしてしまうかもしれない。確かにそうだろう。でも、それがプラスになったかマイナスになったかは、死ぬまで判断することができない。人生は毎日いつだって軌道修正が可能なのだ。死ぬまでずっと。

「本当の友だちってどうしたらわかりますか」

アリストテレスの友情の定義はきっぱりとしている。友人とはあなたをより良いものにしてくれる人。あなたを成長させてくれる人、その人と出会わなかったら眠ったままになっていただろう部分を目覚めさせてくれる人。アリストテレスが常に求めていたのは、機会を捉え、「可能態」にあるものを「現実態〔訳注：エネルゲイア、実現態と訳されることも多い〕」へと現働化することだった。

「それぞれのものは、その終極実現態にある場合のほうが、可能態にある場合よりもよりすぐれてその当のものであると言われるからである」

アリストテレス『自然学』（内山勝利訳『アリストテレス全集4』岩波書店）

友人もまた、現働化の「機会」のひとつなのである。ここでいう友とは、その友人自身の性格や才能は関係ない。その出会いが、私を現状よりも良い状態に引き上げてくれるかが重要なのだ。より正確に言うなら、友人その人ではなく、その人との関係が私を成長させてくれるかだ。

ユダヤ・キリスト教的な価値観からは意外に思われるかもしれない。友情を道具のように功利で考えることには抵抗があるかもしれない。だが、無欲であることは古代ギリシャにおいて美徳ではなかった。人生は大きな可能性を秘めたものであり、その可能性を最大限に活かす方法はどんなものであれ肯定的に捉えられていた。

さて、友人をしっかり正面から見てみよう。いや、それよりも友人とあなたとの関係を考えてみよう。その人とつきあうことで、あなたの才能、能力、長所、世界とあなたとの関係は良いほうに向かうだろうか。その人がいなければ未開発のまま終わっていただろうか。もっと簡単にいえば、その関係は自分の成長にプラスになっているだろうか。

危険を承知で問うなら、友の条件は、「この人を信頼できるか」ではなく、「この人といることで自分に自信がもてるようになるか」で決まる。その意味では、師匠が弟子にとって「友人」である場合もあるし、先生が生徒にとって「友人」であることもある。

人生は可能性に満ちているが、偶発的なものでもある。いつでも幸運が待っているとは限らない。もし、誰かのおかげで人生をより豊かで濃いもの、充実したものにできるのなら、その人はあなたにとって真の友、人生の友なのだ。

友情によって人生は豊かになり、発展していく。こうした広がりや成長は目に見えるものだ。十年待つ必要もなければ、友人が何を意図しているのか何時間も探る必要もない。ただ目を開いて見ればいいのだ。

「哲学を学べばものぐさが治りますか」

あなたは「ものぐさ」なのだろう。当然のことながら、どうして「活動」しなければならないのか、と不思議に思うかもしれない。誰もが意志的に行動すべきだと思われがちな現代において、ギリシャ哲学を想起させる良い問いかけだ。ソクラテス以前の哲学者パルメニデスにとって、最高の価値「一者」(ト・ヘン)は完璧に不動であることだった。

そう考えると、人間の行動は意味のない騒乱にすぎない。常に変化し、多様性にあふれている私たちの住む下界は、プラトンにおいても永遠と必然性、不動の価値をもつイデアの空よりも「下」にあるとされている。アリストテレスにおける活動のランク付けでも、揺るぎない存在であること、不動の真実を仰ぎ考察する識者の生き方は、政治活動よりも尊いものとされていた。政治活動もまた、原初的な欲求を満たすために「動きまわる」ことを意味する経済活動よりは、「上」であるとされた。

古代ギリシャにおいて人間的な行為に対し評価が低かったのは、彼らが「絶対」という価値を信じていたからであり、形而上学的な概念を基準に、人間的な行為を評価していたからだ。

つまり、人間的な行為を低く見ていたのは、そうした行為を無意味で空疎なものだとみなしていたわけではなく、あくまでも不動の永遠という理想を基準とした場合に、それよりも劣るという比較の問題だったのだ。不動が理想ならば、確かに人間の行為は価値が低いものとなるだろう。

さて、理想や神や絶対について考えてみよう。あなたが行動を起こせない理由は、もしかするとそこにあるのかもしれない。

「それはかつてあったのでも、いつかあるであろう、でもない。なぜなら「ある」は、いま、ここに一挙に、全体が、一つの、融合凝結体としてあるわけだからである」

パルメニデス（納富信留訳『西洋哲学史Ⅰ』講談社所収）

一方、ヘーゲルは、行動を高く評価した哲学者のひとりである。人間の根底にある欲望、承認欲求や世界における自分の価値を客観的に捉えたいという気持ちを満たすための行為こそが人間の営みだと彼は考えた。

ところで、ヘーゲルは、絶対神を「精神」「理性」という言葉で表現する。これは不動のものではなく、「動く」ものであり、「歴史」と同様、移り変わっていくものである。彼にとって、歴史とは文明の進化のなかで神が徐々にその姿を現し、その存在を認識するに至る過程なのだ。

〈ヘーゲルにおける歴史と神の進化〉

「特定の民族精神が世界史のあゆみのなかでは一つの個体にすぎない、ということです。というのも、世界史とは、精神の神々しい絶対の過程を、最高の形態において表現するものであり、精神は、一つ一つの段階を経ていくなかで、真理と自己意識を獲得していくからです。各段階には、それぞれに世界史上の民族精神の形態が対応し、そこには民族の共同生活、国家体制、芸術、宗教、学問のありかたがしめされます」
ヘーゲル『歴史哲学講義』（長谷川宏訳、岩波文庫）

こうして神の存在が明確になれば、人間の行動は、もはや単なる騒乱ではなくなる。行為の価値は見直され、ある種の業績とみなされるようになる。ここでいう業績とは、人間が、行動することによって不安を軽減させながら、神に近づこうとする過程である。行動、特に「善行」に価値をおくキリスト教では、神は創造主であり、天地を創造するために、「不動」の状態を脱し、わずかとはいえ行動せねばならなかった。

神、絶対、天上の法則、呼び方はさまざまだが、そうしたものを考えたところで、ものぐさが治るわけではない（そもそも哲学の目的はそこではない）。でも、神や絶対の真理が形而上学的なものだということが、よりはっきりと認識できたはずだ。哲学はあなたに行動する力をもたらしてくれる可能性だってあるのである。

「常に礼儀正しくあるべきでしょうか」

ノー。違いを尊重することで中立や無関心から踏み出す場合には、礼儀を無視してもかまわない。

礼儀を守ることにはわかりやすいメリットがある。私が他人に対して礼儀正しいのは、他人にも自分に対して礼儀正しくふるまってほしいからであり、互いにメリットがあるからだ。礼儀とは、ただ無礼なふるまいをされないようにするためのものであり、他者への敬愛とは無関係である。

漠然とした寛容を尊重と勘違いするケースが多い。だが、尊重とは寛容以上のものである。尊重とは相手に向かって踏み出すことであり、寛容はただ相手の存在を容認するだけのことだ。つまり、単なる礼儀を越え、尊重は、突きつめていくと、衝突に至る場合もある。本気でぶつかり合うことで、違いを認識し、難しい局面を迎えることもあるだろう。勇気を必要とし、出会いによって人生が変わってしまう危険もある。

礼儀正しくあることはたやすい。礼儀作法は、ときに私のせっかちな性格を隠蔽し、私と私自身の関係、もしくは私と社会の関係を潤滑にしてくれる。だが、尊重においては、「相手」がいる。とはいえ、書かなかったことまで言わせようとはしないでほしい（おわかりですね）。もちろん、礼儀が尊重につながる可能性や、未来を約束する場合もある。ただ道は長い。

「いつも罪悪感に苛《さいな》まれています。哲学はこんな私を助けてくれますか」

あなたを救えそうな哲学者がいる。フロイトだ。

誤解しないでほしい。あなたに精神分析を受けろというつもりはないし、フロイトが厳密な意味での「哲学者」ではないこともわかっている。いや、フロイトはむしろ、哲学者たちが人間を一般論や理想論で扱うことを何度も批判してきた。

その一方、彼は短い、だが素晴らしい小論を書いている。「文化への不満」（一九三〇年）である。「文明の発達によって罪悪感が深まるにつれ、幸福は失われていった」というふうに読める。この過激な小論こそ、あなたを大いに助けてくれるだろう。

私たちは生まれたときからずっと文明によって、性欲や攻撃性といった反社会的な衝動を抑圧されている。この抑圧、要するに検閲が何層も重なり、無意識を誕生させる。

抑圧とは何だろう。衝動を消すことはできない。人間は自分たちのなかにある自然の一部を魔法のように消し去ることはできない。かといって衝動が表に出ることを許すわけにもいかない。私たちはそれが禁忌であり、文明と相いれないことを「わかって」いるからだ。私たちは禁忌を内面化しているため、もはや衝動に気がつくことさえできなくなっている。

それでも、心の奥底で衝動は顕在化を求めているのだ。私たちが実際に犯した罪だけではなく、悪事をしたいと「思ってしまった」ことにさえ罪悪感をもっているのを発見し、知らしめたのは、フロイトの大きな功績のひとつだろう。文化的に暮らす若い女性にも攻撃的な衝動はあり、たとえその衝動が意識の境界を越えて姿を現すことは稀であっても、文明と相いれない願望を抱いたというだけで罪悪感は生まれる。

攻撃性は表面化しようとする。しかし、誰かを攻撃することでその欲望を満たすことは許されないため、攻撃性は自分自身へと向けられ、罪悪感を抱くことで自分を罰する。超自我は、悪いことを考えただけでもそれを罪とみなす。「攻撃性は取り込まれ、内在化し、自分自身へと戻っていく」とフロイトは結論づける。

だが、彼は解決策も示している。昇華だ。文明によって抑圧された攻撃的な欲望を、文明的な方法で間接的に満足させる。では、どうすれば昇華できるのか。芸術作品をつくること、強い美意識をもつこと、知的な探求に熱中すること、こうした活動によって、私たちは、自分の奥底に眠る、抑圧された衝動と結びついたエネルギー、リビドーと向き合うことができる。衝動と向きあい、非攻撃的な方法でその衝動を満足させるのだ。罪悪感から解放されたいのなら、ルーヴル美術館に行ってごらん。自分で絵を描くのもいい。アリストテレスを読破するのもいい。

2 文化

文化とは自然なことか、それとも自然に反することか

文化と自然の関係についてはふたつの考え方がある。ひとつは、文化が何らかのかたちで自然から派生したものだとする考え方。もうひとつは、文化とは自然から切り離されたかたちでしか存在しないという考え方。「自然な文化」は存在するのか、それとも、文化は自然に反するもの、もしくは「自然を否定すること」が文化なのか。

アリストテレスは人を「政治的な動物」と評した。これは、社会のなかで生き、人間的な特性（理性、言語、友情など）を発展させていくのが人間本来の生き方であるという考えを示している。教養を高める（それも決して容易なことではない）のは人間にとって自

然なことである。
つまり、文化は自然なもの（人間本来の能力）というわけだ。アリストテレスは、人間が生まれつきごく自然に「手をもっている」ことこそが、人間の文化の豊かさの理由だとしている。

〈人間の特性は手にある〉

「ヒト〔の体〕はうまくできておらず、動物の中で最悪であると主張する人がいるが（つまり、ヒトは裸足で裸であるし、強さのための武器をもっていないから、と言うのである）、彼らの主張は正しくない。すなわち、他の動物は防御手段を一つもっていて、他をそれの代わりに転用することができず、必然的に、言うなれば、いつも靴を履いたまま寝たり、あらゆることをしたりするようなことになり、体の周りにまとう防具は決して外せず、たまたまもっている武器を替えることもできない。それに対してヒトは防御手段をたくさんもっており、それらを取り替えて、どれであれ好きな武器を、好きなところでもつことが常にできる。というのは、手は、鉤爪にも蹄にも角にも、そして槍にも剣にも、その他どんな武器にも道具にもなるからである。それらすべてになれるのは、ヒトがあらゆるものを摑み保持することができるからである」

アリストテレス「動物の諸部分について」

（濱岡剛訳『アリストテレス全集10』岩波書店所収）

反対にカントは、本来の自己中心的な性質から離脱する努力にこそ道徳の美があると考えた。人間の自然な性質は自分勝手な悪であるとし、そのありのままの状態を脱することが文化だとしたのだ。まずは規律や鍛錬によってわがままを封じること、つまり、直情的な自然状態を拒絶することが文明の第一歩だという。教育はそのあとだ。

彼にとって、文化、文明とはまず自然の否定であった。こうなると、文化とは自然の延長にあるものではなく、自然と闘い、反抗することだということになる。

〈人間は曲がった木でできている〉

「人間は（中略）一人の支配者を必要とする動物なのである。だれもが他人にたいしては、自分の自由を濫用するのは確実だからである。人間は理性的な被造物としては、すべての人間の自由を制約する法を望むかもしれないが、利己的で動物的な傾向に惑わされて、自分だけはその例外としたがるのである。人間はこのように、各人の意志を砕いて、みずからの意志をすべての人に強制的に押しつけるひとりの支配者を望んでいるのであり、この支配者の意志のもとでのみ、だれもが自由になりうるのである。

問題なのは、この支配者をどこからつれてくるかということだ。人間は仲間の人類のうちに、この支配者を探すしかないのである。しかしこの支配者となるべき人物も、もともとは一人の支配者を必要とする生き物にすぎない。（中略）最高位に立つ元首は、みずからが正義の人物であり、同時に人間でなければならないのである。

このようにこの課題はもっとも解決の困難なものである。この問題を完全に解決することは不可能である。人間を作っている〈樹〉がこれほど曲がっているのに、完全に真っ直ぐなものを作りだすことはできないのである」

カント「世界市民という視点からみた普遍史の理念」（中山元訳『永遠平和のために／啓蒙とは何か』光文社古典新訳文庫所収）

「訓練とは、人間がその動物的衝動によってみずからの本分である人間性から逸脱しないように予防することである。（中略）したがって、教育において人間は、（一）訓練されなければならない。訓練するとは（中略）人間における人間性にとって動物性が障害となるのを防止するように努力することである。（中略）（二）人間は教化されなければならない」

カント「教育学」（加藤泰史訳『カント全集17』岩波書店所収）

文明は自然なのか、反・自然なのかという問いは、文化・文明に関するあらゆる場面でくり返される。

言語における文化と自然

言語学に場所を移せば、「文化と自然はつながっている」という考え方は、言葉は常に実体に関連しており、でたらめに命名されているわけではなく、その言葉が指示するものとつながっている、いわば物体を「模造（コピー）」するものだということになる。プラトンの『クラテュロス』はまさにそうした考えを記している。

この考えに従えば、「憎しみ」という言葉は、その心理状態を表すために偶然選ばれた言葉ではなく、その響きや構造そのものに「憎しみ」という感情を想起させるものが含まれているということになる。鳥の「カッコウ」という名前は、鳴き声の響きを模したものであるし、「流れ」という言葉には滑るように移動する水の動きや音があるというわけだ。言葉と物がつながっているのならば、確かに、言語活動という文化は自然から発生したものといえる。

反対に、デカルトの論考（さらには二十世紀の言語学者に顕著な考え）のように、言葉と物は別であり、便宜上の記号にすぎない（憎しみという感情は「憎しみ」という言葉以外でも呼ぶことができ、別に「花」でもかまわなかった）とすれば、文化とは自然の感覚とはまったく別のものだという証拠になる。

『クラテュロス』によれば、文化は、自然の（音声、言語を通じた）延長線上にあるものであり、デカルトやカントによれば、文化とは自然から遠ざかることなのだ。

芸術における文化と自然

同じことを芸術についても考えてみよう。もし、文化が自然から来たものであれば、芸術もまた自然の模倣であると考えるのはたやすい。確かに、額縁をつけて飾られている絵を見れば、風景画、情景描写、静物画など、「自然」を題材とするものが多い。

才能ある芸術家が抑圧された性的欲求を昇華させることで作品をつくりあげるというフロイトの考え方もまた、自然と芸術のつながりを前提とするものだ。フロイトによれば、文化的な作品とは、自然な欲求のエネルギーを別の形に転化させたものなのだから。文化は、自然が変化したもの、昇華させられたものだともいえる。自然と文化は直結しているわけではなく、それ相応の長い過程を経ているにしても、「つながっている」のだ。

反対に、もし自然から離れることが文化をつくるのだとしたら、真の芸術とは自然から最も遠いものであり、ごく自然に直観的に美しいと思えるものではなく、一見したところ醜いもの、嫌悪感を抱かせるようなものにこそ美を見出そうとするはずだ。ユイスマンスやオスカー・ワイルドに代表されるダンディたちはこうした美学を発展させてきた。

芸術とは「反・自然」であり、「自然・天然」であることは粗野だとみなされる。自然な感情、直観的な感性で美醜を判断することから遠ざかってこそ、芸術や美意識、洗練に至るという考え方だ。つまり、自然界の直接性と断絶することが、文化・文明なのだ。

〈自然に逆らう〉

「かくてデ・ゼッサントの眼には、人工こそ人間の天才の標識と思われたのであった。彼の言によれば、自然はもう廃れているのである。自然はその風景と気候との厭うべき単調さによって、洗錬された人士をば、もはや我慢ならないほど飽き飽きさせた。（中略）それに、人間の天才が創造し得ないほど精緻な、もしくは雄大な自然の創造物など、何一つないのである。フォンテンブロオの森も、月光も、電気の照明に満ちあふれた芝居の舞台が、これを生み出すことに成功している。滝は水力学が見違えるほど巧みに、これを模倣している。岩はボオル紙の張子によって、みごとに真似られている。花は人目をあざむくタフタの布地や、薄い色紙と同列に並んでしまった！

疑いもなく、自然というこの老女は、すでに真の芸術家の優しい歎賞を受けるに値しないものとなってしまったのであり、今や人工が可能な限り、これに代るべき時代となったのである」

J・K・ユイスマンス『さかしま』（澁澤龍彦訳、河出文庫）

技術における文化と自然

ちょっと考えただけで、この命題が労働や技術についても当てはまることがわかるだろう。もし、文化が自然の延長にあるものならば、技術的な道具もまた、肉体という自然を人為的に「延長・拡大」したものということになる。例えば、ハンマーは「拳《こぶし》」の延長線上にある。発展のすえに誕生した文明の利器も、自然界の生物を観察し、模倣することから誕生したことになる。例えば、鳥の飛翔を真似て飛行機をつくるといった場合だ。自然は私たちに不完全な形しか与えなかった。技術はそこを補完するためにある。ここでも文化・文明は自然の延長ということになる。そして、労働も、自然な承認欲求からくるものなのである。

さて、反対に自然から遠ざかることが文化だとすれば、技術や労働を別のかたちで、もしくは別の側面から解き明かすことができる。流れ作業の労働は「自然」ではない。人間は機械のような扱いを受けるわけにはいかないからだ。つまり、文明は、人間をゆがめるものであり、本来の性質（自然）から遠ざける。同時に、人間にとって本当に「自然」な状態は、承認欲求ではなく、怠惰な状態にあるとするなら、労働は自然に逆らう暴力的な行為ということになる。

話をさらに広げるなら、文化の定義（反自然か自然の延長なのか）は、技術の発展に従って、再認識された問題でもある。確かに、技術の発展が急速に進むことは、現状に満足できず、自然から与えられた以上のものを求め続ける人間の天性の性質（＝自然）と一致している。

だが、反対に、それがどんどん加速すること（例えば、治療のために生まれたクローン技術が、その後、人間そのもののクローンをつくるところまで発展しそうなことなど）によって、人間にとって自然な状態とは何かを考えざるを得なくなっているのも事実だ。もし、文化が自然との離別だとすれば、この五十年のあいだに異様な速さで進化を遂げた技術は、自然から離れていく速度も範囲もますます拡大させていき、ついには、人間のもって生まれた性質を「自然（ナチュラル）なもの」と呼ぶことさえ意味をなさなくなってしまいそうだ。

宗教観・歴史における文化と自然

文化と自然の関係をどう捉えるかで宗教観も変わる。文化が自然の延長であれば（あるいは転化だったとしても）、私たちは生まれながらに信仰を必要としており、だから宗教が存在するのだということになる。人間の意識にとって、常に先のことを心配し、世界の意味を問いかけるのはごく自然な行為であるからこそ、信仰という意識も自然に芽生えたということだ。

だが、文化が反・自然であるなら、本来の悪い性質にあらがい、善であろうとする努力こそが宗教だということになる。さらに突きつめると、宗教それ自体が、自分たちが不完全であるということや、命が有限であることなど、自然によって与えられた限界を超えようとする行為だと考えることもできる。宗教は、自然を超え、限界を突破し、運命論から抜け出そうとする意志の究極のかたちであり、文化の精髄ということになるのだ。

最後に、歴史について考えてみよう。文化が自然なものならば、歴史はたいして重要ではなくなる。時代が変わろうと、文明が変わろうと、人間の本質、その情熱も狂気もずっと変わらないことを示すのが歴史ということになるからだ。

「何世紀たっても人間は変わらない」

フォントネル

だが、文化を反・自然として捉えるなら、歴史は人類がもともとの悪しき本性（いや、善なのかもしれない）から逃れるための努力と進化の過程と考えられる。そもそも、カントが十八世紀末に世界で最初に「国際連盟」の創設を提案したのは、歴史を自然から遠ざけるために他ならない。

自然の凶暴さに別れを告げるためにこそ、道徳、法律、政治という文明を打ち立てることで、人間は長い時間をかけ、困難を乗り越えてきたという考え方だ。また、単に歴史が存在するという事実そのものが、人間の自然に対する不満の表れなのかもしれない。自然なままでは満足できない、その「欲」が歴史をつくり、文明を発展させてきた可能性もある。

さて、文化、文明は自然の延長線上にあるものなのか、自然への反発なのだろうか。

質問と回答

「真の哲学者であるためには、無神論者でなければならないのでしょうか」

宗教と哲学を二者択一で捉えるのは、宗教にとっても哲学にとっても短絡的すぎるだろう。

信仰は必ずしも、神秘主義や絶対、一切の疑念も挟まない確実なものとは限らない。哲学もまた、現実を理性だけで分析するものとは限らない。

自身の信仰の中に一抹の疑念が含まれていることを自覚しながら信じる、「哲学的な」信仰もあってよい。こうした「疑念」の存在は、ソクラテスからデカルトまでに共通する哲学的な態度なのだ。ジャンニ・ヴァッティモが、『神の死以降』に記したように、こうした疑念は、妄信への歯止めや、排他的な態度への警告の役割も担っている。自分のなかの疑念を許せないがために、他人が疑うことも許そうとしない排他的な信仰は危険なものだ。

反対に、例えば理性ではどうしても解明できない概念を考えようとする「宗教的な」哲学もあるだろう。カントは自我、世界、神という三つの概念を「理性のイデア」と呼んだ。この三つは、私たちがその存在を信じてきたもの、実体をもたないながらも私たちがその影響力を認めてきたものであり、私たちが知り、行動し、生きるための努力を良い方向に調整する役割を担ってきた。もちろん、カントは常に学識と信仰は区別するべきだとしている。その一方で、より深い学識を求めるために信心が必要だともしている。つまり、カントにおいて、宗教と哲学は対立するものではなかった。信仰の否定が進歩ではないとしているのだ。

ヘーゲルにおいても、まず宗教が私たちに真実を見せ、その後、哲学がこれを論証というかたちで明確化するとしている（芸術もまた、哲学に先行して真実を見せてくれるものだとされている）。ここでも、宗教と哲学は二律背反ではなく、世界の「精神」が異なる様相を通じて現れているだけなのだ。

「実際、ヘーゲルにとって、学識は信仰が先にあってこそ成し遂げられるものであった。信仰を起点として、十全な知識へと到達できるものなのだ」

ベルナール・ブルジョワ「知識と信仰」（「ルヴュ・アンテルナショナル・ド・フィロゾフィー」一九九九年二一〇号）

とはいっても、あなたの質問に答える最良の方法は、ライプニッツ、デカルト、スピノザ、聖アンセルムス、聖トマスなど、神の存在を理論的に証明しようとしてきた数々の哲学者、そして聖人たちの名前を挙げることだろう。

もちろん彼らの理論への批判はある。デカルトに対し、神の存在を証明しようとするのは、自身が信者であり、神の存在を前提としている以上、ただの弁明にすぎないのではないのかという指摘はできるし、スピノザに対して、結局は支配者としての神を自身の用語で再定義しただけではないかという批判もありうるだろう。

だが、いずれにしろ、哲学は必ずしも無神論にゆきつくわけではない。哲学が存在するのは、世界が問いを投げかけてくるからだ。宗教もまた、同じように世界が問いを投げかけるからこそ、存在するのではないだろうか。

「神の存在を哲学的に証明するなんて、冗談じゃないの？　本気で思っているの？」

冗談？　そうかもしれない。少なくとも、無神論者にとっては神の存在を理性で証明しようとするなんて、きっと馬鹿げてみえるだろう。何しろ、存在しないものの存在を証明しようとしているのだから。キリスト教の信者にとっても同じだろう。パスカルが『パンセ』で書いたように、「神を感じるのは心であって、理性ではない」のだ。

神の存在を裏付ける「証拠」とされるものはあるが、そのほとんどは、反論の余地もなく、当然のことのように否定されてきた。世界の存在、その秩序と美しさ、これ以外にはありえないという完璧なかたちをしたアヒルのくちばしを例にとり、その創造主としての神の存在を導き出そうとしてきた、いわゆる「帰納的（ア・ポステリオリ）」証明もすでに否定されている。

もしかすると神様も腹を立てているかもしれない。有限から出発して無限を論証することが可能だろうか。アヒルのくちばしから神の悟性に到達するなんて可能だろうか。創造物がなければ神は存在できないことになってしまう。

創造主がいるから創造物があるのであって、創造物があるから創造主がいるわけではない。アリストテレスの主張した目的論のように世界が存在するから、創造主が存在するといえるだろうか。もし、無限が存在するなら、世界は永遠にあるはずではないか。それなのに、どうして世界に「始まり」があるというのか。「神は完全であり、存在は完全であるから、神は存在する」といった証明は論証が可能であることをあまりにも安易に、まるで当然のように前提としている。

だが、ひとつだけ、卓越した論証が存在する、いや少なくとも私は存在すると思っている。あなたも驚くだろう。聖アンセルムスがその著書『プロスロギオン』に記したものだ。よく考えてみてほしい。「それ以上大きなものが考えられないような存在」は神以外にあり得るだろうか。確かにそうだ。神が存在するとは言えないまでも、存在しうる、存在すると想像することはできる。たとえ、無神論者でも、神という概念それ自体はもつことができる。

今度は、「神は存在しない」可能性について考察してみよう。実際に神は存在しないとしても、頭の中には存在する。たとえ無神論者であろうと、「それより大きなものが考えられない存在」があると認める人の頭の中には存在する。

だが、そのようなものが実際に存在するのである。「それより大きなもの」が考えられないのは、それが概念において最大であるからであり、そこに現実の存在が加われば、それが最大になる。よって、神は現実に存在しない場合こそ、「それ以上大きなものが考えられないような存在」になる。これが、「神は存在しない」という考えから行きつく、ひとつめの理論的帰結である。

しかし、もうひとつ、理論的帰結として、神が実在しないなら、「それ以上大きなものがないような存在」もないという考え方もできる。というのも、「それ以上大きなもの」が考えられるとしたら、無神論者の頭のなかの神という概念と神の現実的な存在が両方存在する場合こそが「最大の存在」のはずであり、その時点ですでに神は「それより大きなものが考えられない存在」ではないことになる。

つまり、「神は存在しない」という言葉を突きつめていくとふたつの矛盾する真実にゆきつく。一方では「それ以上大きなものがないような存在」でありえることになり、もう片方ではありえないことになる。よって、「神は存在しない」という論は成立しない。神という概念をもつだけで、神は存在することになり、神が存在可能ならば、神は必要なのである。そもそも、神という存在を想像できるということが起点となっているのだから。デカルトも同様である。彼は神が人間のなかに存在することから出発して、現実に神は存在すると結論した。ヘーゲルにとっての神は、存在することでしか承認されない神であった。聖アンセルムスの冗談めいた理論はその後も引き継がれるのである。

「真剣な話になるとすぐに、自分を抑えられず皮肉を言ったり、からかったりしてしまいます。真面目にならなくても哲学はできますか」

まず、皮肉をいうのと、からかうのは同じではない。その違いを理解すれば、世界との向き合い方や、周囲とのつきあい方も改善されるだろう。からかうというのは他人を笑いものにすることだが、皮肉はその人の知性に訴えることだ。からかいは、相手がからかわれていることに気づいていないからこそ、してやったりという思いになるが、皮肉の場合は、言われた相手にその微妙なニュアンスを感じ取るだけの感性がないと意味がない。

つまり、皮肉はいいが、からかうことは相手を傷つけ、友人をなくす原因になる。皮肉《イロニー》

（英語のアイロニーに相当）は、相手との間に暗黙の了解、共有する世界があってこそのものなのだ。その手法はときに意地悪だったり、風刺的だったり、諧謔的だったりさまざまだが、皮肉とは相手の視点の限界を示すことである。

ただし、同時に間違いを理解させ、修正させる機会を与えるものでもある。こうした特性を、ウラディミール・ジャンケレヴィッチは『イロニーの精神』（久米博訳、紀伊國屋書店）のなかで、「イロニーはそれ自身が迷わした者に救いの竿をさしのべる」という美しい言葉で表現している。

皮肉を投げかけることは、言われた側に成長の良い機会（カイロス）を与え、言った側との関係を改善する良い機会にもなる。つまり皮肉が意味をもつには、相互主観性、言った側、言われた側の関係が前提になる。相手に通じない皮肉は意味がない。むしろ、言った側の品性を落とすこともある。

一方、からかいは、言われた相手の反応とは無関係だ。言われた側、言った側の関係によって、その意味合いが左右されることもない。ジャンケレヴィッチはさらに進んで、イロニーこそが、対象と距離を取り、直情的な判断を避けるという意味で、良心的な行為であるとしている。

皮肉はエスプリの微笑であり、からかいはただのしかめ面にすぎない。あなたの相談はソクラテスを思わせる。プラトンが賛美をこめて描き出したソクラテスは、実に人間的なかたちで皮肉を使う。ソクラテスは皮肉を投げかけ、相手に考えさせ、自身の言葉の不十分な部分を自覚するよう促す。皮肉は、ソクラテスの産婆術、「エスプリを産み落とす技術」のための道具なのだ。

「イロニーは前進であり（中略）、イロニーの過ぎ去ったところには、真理がいや増し、光が一段と増すのである」（前掲書）

だが、別の者の証言を読むと、プラトンの描く姿とは異なる、横柄で傲慢なソクラテス像が浮かび上がる。他者の成長を促すという立派な態度よりも、皮肉を言うことで自らの優越性を示し、軽蔑を示す姿だ。きっと、本当のソクラテスはその両面をもっていたのだろう。そして、それこそが面白いところだ。

プラトンの描くソクラテスを目指してみるといい。これからも、凝り固まった真面目さからは自由でいよう。でも、自分の口にした皮肉の意味については真剣に考えたほうがいい。

3

理性と現実

理性は現実を捉えることができるのか、それとも現実は理性では捉えきれないものなのか

豊かで複雑な現実の全体像を理性は捉えきれているのだろうか。それとも、理性とは、一般化や普遍化を目指すあまり、現実を捉えそこねるのが常であり、現実を茶化したり、否定したりするものなのだろうか。

理性には現実のもつ真理を明確にする力があるとデカルトは言う。「神は私たちのなかに生得観念を授け、私たちが神のつくった世界を理解できるようにしたから」だという実にシンプルな説明だ。

一方、ニーチェは、理性のせいで私たちは現実のもつ謎、人生の謎を解けずにいるとし

た。

同じく、メルロ＝ポンティは、現実の厚みを理解するために必要なのは理性よりも知覚であるとし、科学よりも芸術のほうが現実を捉える手段として優れているとした。

「科学は物を巧みに操作するが、物に住みつくことは断念している。（中略）科学とはこの見とれるほど活動的で、器用で、割りきった思考であり、全存在を「対象一般」として（中略）扱おうとする態度のことである。そしてまた、科学はいつもそうしたものであり続けてきた」

メルロ＝ポンティ『眼と精神』（滝浦静雄・木田元訳、みすず書房）

「絵画によって、私たちは生きられた世界に否応なしに直面させられる」

メルロ＝ポンティ『知覚の哲学』（菅野盾樹訳、ちくま学芸文庫）

理論と経験

この命題を通じて理論と経験について考えることができる。もし、理性によって現実の複雑さを解析することが可能ならば、それはまさしく理性が理論と経験を結びつけるからだろう。経験と観察によって得た情報は、まず理性によって理論化され、その後、科学的な実験によって証明される。

仏語の「エクスペリエンス（expérience）」には、経験と実験というふたつの意味があるが、このふたつを混同してはならない。自然の観察によって得た「経験としてのエクスペリエンス」と、研究所で現実の一部を再現し、準備のうえで行われる「実験としてのエクスペリエンス」は違うのだ。実験を経て導かれた結果は、科学的な知識であり、それこそが理性によって理解することが可能な現実、つまり、観察し、分析し、何度も検証することができる現実である。

「科学上の諸理論は人間が考案したもの――世界を捉えるために設計された網――で

あると考えられる」

カール・R・ポパー『開かれた宇宙　非決定論の擁護』（小河原誠・蔭山泰之訳、岩波書店）

ヒュームのような経験主義者にしてみれば、すべての知識は経験から得られるものだということになるが、それでも現実を明晰に捉えるには理性が必要ではないだろうか。理性は、経験から「学び」を引き出すことができるからである。

プラトンに代表されるような合理主義者は、理論だけが真理に到達する手段だと考え、理性を最高の力とみなしていた。プラトンにとっては、理論（ギリシャ語のテオリア、「省察」「精神の目でみること」）だけが真の知識であった。

極論であるが、一理ある。というのも、理論至上主義者が指摘するように、個人的な経験はただ勘違いにすぎないことが多々あったし、今もあるからだ。バシュラールはむしろこうした「経験」が真の科学的な知識の妨げになっているとしている。バシュラールによると、「科学的精神」を養成するには、まず経験に基づく物事への常識を捨てることが必要なのだ。

〈バシュラールと木片〉

「例をひとつ。水に浮遊する物体の均衡は、ごくふつうの直観の対象であるが、これが誤謬のもととなるのだ。浮かんでいる物体には、泳いでいる物体より活動力があるということは、多少ともはっきりとしたかたちでいうことができる。たとえば水の中の木片を手で沈めてみれば、木片はそれに抵抗する。ひとはこの抵抗力を水のせいにすることは容易にはできない。この場合、第一の直観の不純なコンプレックスをまず批判し、解体しておかなければ、アルキメデスの原理のそのおどろくべき数学的単純さをすなおに理解させることはかなり困難であろう。とくに当初にいだいていた誤謬を精神分析しておかなければ、水から顔を出している物体と完全に沈んだ物体とが同一法則にしたがうのだということは、けっして理解させることはできないだろう」

バシュラール『科学的精神の形成』（及川馥訳、平凡社ライブラリー）

それでも実験による検証は必要だろう。個人的な経験ではなく、あくまでも、理論を検証し、理論と現実に矛盾がないかを確かめ、理性の有効性を示すための実験のことである。

反対に、理性は常に抽象的、もしくは総括的すぎて、現実の多様性を捉えきれていないというのならば、「実験／経験」の定義を再検討し、理論と経験を真っ向から対立させて考えることで、「人生経験だけが重要であり、現実世界に対応するのに理論なんて役に立たない」と言うこともできるだろう。例えば「いかにして死に備えるか」という問いには理論ではなく、経験（人生経験、老いの経験、他人の死を見てきた経験）をもとに考えればいいのだ。

この命題は、証明について考える下地にもなる。もし理性で現実を捉えることが可能ならば、論証という手段は、まさに理性の有効性を示すものとなるだろう。デカルトは神という概念が人間の理性のなかにあるという事実から、神の存在を証明しようとした。だが、もし理性は現実を捉えきれぬものだとするなら、こうした神の存在証明も、理性の逸脱を示していることになり、実際には存在しない能力をさもできるかのように虚勢を張っているだけだとみなされても不思議ではない。

かくして、パスカルによれば、デカルトは神の存在を証明しようとしたことで、証明するのではなく感じるものである神、理性ではなく心のなかの真理としての存在そのものさえ損ねてしまったということになる。

さらにカントによれば、神の存在証明は、理論が実験なしに成立すると考えることであり、邪道とみなされる。『純粋理性批判』の教えのひとつは、まさにこの点にある。科学的な知識の発展には、理論と実験の両方が必要だということなのだ。理論がなければ実験は何も語らない。実験がなければ理論は現実的なものにならない。だから、科学的に神を知ることは不可能なのである。神は実験の対象とならないからだ。

「感性なしでは対象が与えられないし、知性なしでは［対象を］思考することができない。内容のない思考は空虚であり、概念のない直観は盲目である」

カント『純粋理性批判』（中山元訳、光文社古典新訳文庫第二巻）

理性による解釈

理性と現実の関係を考えることで、解釈の問題も明確になる。人間の現状（感情、真理、意図）を例にとって考えよう。これらを解き明かし、理解するためには理性による「解釈」、つまり、原因を突き止め、説明するだけではなく、行動や感情の意味を問うことが必要になる。

精神分析においては、夢や言葉を「解釈」し、分析者と患者は理性によって、日々の暮らしのなかの心理を解き明かす。さらには、そこから実生活を実際に好転させる（改善、回復、決断に至る）こともある。「解釈」という過程を経て、理性は、ただ現状を理解するだけではなく、現状を変えたり、新たな展開へと導いたりすることもできるのだ。

だが、逆に、理性による解釈が間違っていたり、行きすぎだったりすることで、むしろ非理論的になり、非現実的になってしまうこともある。パラノイアや迷信家は、この過剰な「解釈」の犠牲者である。どんな些細なことでも、自分に向けられたメッセージのように思ってしまうのだ。こうしてパラノイアは自分が攻撃されていると被害妄想を膨らませ、迷信家はすべてが運命だと思い込む。過剰な解釈は、理性による現状把握を妨げるものである。

〈フロイト、パラノイアと迷信〉

「パラノイア患者による遷移と、迷信を信じる者の遷移、両者のあいだの溝は、外見ほどには大きくない。周知のように、人間は、ものを考え始めたとき、外界を自分たちに似せて擬人化し、それをいくつもの人格的存在に分解することを余儀なくされた。偶然の出来事は迷信によって解釈され、それらはすなわちそういった人格の行動や表現なのだと見なされた。その点では、パラノイア患者が他人の示す些末な仕草から様々な推論を引き出したり（中略）するのと全く同様の振る舞いをしていたのである」

フロイト『日常生活の精神病理』（高田珠樹訳、岩波文庫）

生身の人間についても同じことがいえる。もし理性に現実を理解する力があるとしたら、理性によって「生きた人間」を理解することも可能なはずだ。つまり、人間がどのように機能しているかを説明し（例えばダーウィンの進化論）、そしてなぜ生きているのかを考える。

反対に、理性では現実の複雑さを捉えられないとするのなら、人間（少なくとも自然界の欲動のままに生きる人間）は、まさに理性では理解しがたい、非理性的、さらには非合理的な存在だということになる。

ニーチェは『ツァラトゥストラ』のなかで「ほらね、いつも私は自分で自分を克服しなきゃならんのですよ」（『ツァラトゥストラ』丘沢静也訳、光文社古典新訳文庫）と「生」自身に言わせているが、流動的で、次々と更新されていく存在は、どんなに理性で説明しようとしても単純化された虚構というかたちでしか捉えようがないのだ。

精神と素材

最後にもうひとつ。理性で現実を捉えることが可能だとすると、素材《マティエール》〔訳注：哲学用語では質料ともいう〕と精神の問題に関しては、実にシンプルな結論に至る。実際、理性（精神、脳の機能）と現実（素材）は、もともとは同じ有機体を出発点としているからだ。

私たちの脳は、その脳が理解しようとしている世界と同じ素材でできており、脳もまた世界の一部であることに驚きはないかもしれない。精神は素材を分析することによって、自分自身のことを話しているにすぎないのだ。

私たちが何かを理解するということ、つまり、理性が現実を理解するという単純な事実こそが最も深い謎だとアインシュタインは言っていた。つまり、もし理性と現実が同じ素材からできているとしたら、謎を解く鍵はそこにあるのではないだろうか。理解とは何かという問いに対して、デカルトは別の答えを示している。いわく、神が世界（素材）を作り、私たちのなかに生得観念を授けたので、私たちはその生得観念によって世界を理解できるというのだ。

反対に、もし理性では現実を捉えられないとするなら、精神と素材はまったく別の系統に属するということになる。人間の精神と世界の調和という形而上学的な大問題は、解決しないままになるだろう。

真理とは

結局、最後は真理についての問いにたどりつく。アウグスティヌスをはじめ、多くの哲学者が、真理は、しばしば理性と現実の適合、もしくは理性が現実を捉える能力をもった結果、その能力が完成した状態だと考えてきた。ヘーゲルにおいて、理性は外から与えられる現実を理解するだけにとどまらず、現実に理性という存在そのものを与え、「精神化」する。「すべての理性的なものは現実的であり、すべての現実的なものは理性的である」とヘーゲルは書いている。彼にとって、理性とは歴史の現実のなかで自己実現するものだったのだ。

「哲学は理性的なものの探究なのだから、哲学はまさに現に存在しているものと現実的なものを把握するのであり、何処に存在すべきかは神のみが知るような彼岸的なもの（中略）を定立するものではないということである」

ヘーゲル『法の哲学』（上妻精・佐藤康邦・山田忠彰訳『ヘーゲル全集9a』岩波書店所収）

それでも、理性が偽りの真実によって私たちの目を狂わせているのではないか、現実はもっと別のもの、うつろいやすく、多様で、理性だけでは説明のつかないものなのではないかと思うことはあるだろう。そうなると、理性（単純化、図式化、一般化の思考）と現実の間に折り合いがつくことはない。

つまり、ニーチェに代表される考え方、要するに、私たちは真理ではなく単に現実を無限に解釈し続けているだけだという結論になる。「真理は存在せず、ただ真理を見ようとする目が存在するのみである」。言い換えれば、人間にとっての真実は、解釈がすべてである。

「ものごとについて染みひとつない認識というのがあるんだよ。つまり、ものごとには何ひとつ望まないことさ。ただしぼくが、百個の目をもった鏡みたいに、（中略）いることは許してもらうんだが」

ニーチェ『ツァラトゥストラ』（丘沢静也訳、光文社古典新訳文庫）

質問と回答

「どんな人を哲学者と呼ぶのでしょう。普段の生活のちょっとした出来事にいちいち腹を立てずにいられるのが哲学者なのかな」

「どんな人を哲学者と呼ぶのでしょう。腹を立てずにいられるのが哲学者?」いやいや、それは違う。

確かに、多くの人にとって、哲学は単に物事に動じない心や、執着からの解放、孤高の精神や諦念に至る処世術でしかなく、そのほうが好都合なのだろう。哲学者の側でも、髭をたくわえた隠遁者で、社会を変えたい、よりよい世界を作りたいという願望を捨て、哲学的な思想に耽るだけの「賢人」でいられたら、そのほうが楽なのかもしれない。そもそも、哲学とはある種の知恵、日常の喧騒から離れることだと世間では思われているのだろう。

だがそこには、哲学の革命的な力を骨抜きにし、見なかったことにしておきたいという意志が見え隠れしているのではないだろうか。哲学の思考の始まりには、しばしば現状への拒否感や、本質から離れた生き方への不満、困ったこと、嫌なこと、受け入れがたいこと、とんでもないと思っていることなど、「腹立たしい」問題に向き合おうとする意志があるのだが、世間はそれを否定したがっているのではないだろうか。

あなたが思い浮かべただろうことはだいたい想像がつく。「腹が立つことなんて、スクーターにキズをみつけたことや、開店時間が十五分遅れて待たされたことぐらいだし、そんなのはたいして重要ではない。こんなことに悩んで哲学にたどりつくことはない」とでも思っただろう。だが、ひとつだけはっきりしていることがある。日常の騒乱と形而上学的な命題とを暗黙のうちに切り離してしまう、その考え方が問題なのだ。

というのも、最大の疑問は常に日常の騒乱の中に隠れている。例えば、さきほど例に挙げた十五分の遅刻だって、口約束を信じた相手に対する裏切り、契約の不履行、前日に店主が言った言葉が嘘偽りだったのではないかという遡及的な論証にまでつながる可能性を秘めているのだ。

取るに足らないことなどない。例えば他人の言葉を信じることができなければ、社会そのもの、生活そのものが成り立たなくなる。つまり、そこには気になって当然の大きな問題が隠れている。なぜなら、世界は変えてゆけるものだから。世界は、ストア派が受け入れるしかないと思っていたようにすべてが運命で決まっているわけではないから。

怒り、受け入れることを拒み、「悟ったふり」をやめることが、変革を可能にすることもある。不満の底には、変化を求める熱い力が潜んでいるものなのだ。確かに、「ちょっとした嫌なことのせいで、思考に集中できない」ことはあるだろう。だが、嫌なことを別の方向から考えてみる、楽しんでみることはできる。怒りというエネルギーを思考の起爆剤にすることは可能だ。

〈路上のサルトル〉

「われわれがわれわれを発見するであろうのは、なんだか知らない隠れ場所のなかなどではない。それは、諸物のあいだの物として、人間たちのあいだの人間として、路の上で、街のなかで、群衆のさなかで、なのだ」

サルトル「フッサールの現象学の根本的理念」

（白井健三郎訳『サルトル全集第十一巻』人文書院所収）

「プラトンの世界観はわかります。でも、プラトン主義、プラトニックな行動とは具体的にどんなものをさすのでしょう」

いい質問だ。というのも、古代ギリシャにおいて哲学はしばしば、ただ理論的な思索に耽ることだけではなく、現実的な行動指針でもあったからだ。エピクロス派（エピキュリアン）やストア派（ストイック）であるということは、エピクロス派やストア派のような考え方をもつだけではなく、そのように生き、生活することだった。つまり、思考と行動を一致させることが重要だったのだ。

こうした古代哲学の実践的、実存的な側面は、近代になると主流ではなくなり、哲学は専門家のものになってしまった。プラトンによれば、私たちの感覚的世界の頭上、本当の空（私たちが見ている青空や曇り空）のなかに人間の唯一の理想《イデア》があるのだが、知性をもった者が精神の目で見ない限り、そのイデアを見ることができない。私たちの住む下界は具体的で多様性にあふれ、永遠、不動、必然性によって成り立つ輝けるイデアの世界の劣化版でしかないというのだ。

「精神の眼が研ぎ澄まされはじめるのは、肉眼が衰えたあとなんだ」
プラトン『饗宴』（中澤務訳、光文社古典新訳文庫）

さらに、イデアの空には理想の正義、理想の友情があるが、下界では……と続く。さて、こうした考え方を日常にどう活かすか。実生活に持ち込むことなどできるのか。もはや、死を選ぶしかないのか。実際、ニーチェはプラトン主義を、生への憎悪であると批判している。

では、プラトンがいうように、周囲から目をそらし、天だけを仰ぎ見て生きればいいのか。それは違う。この世に生き、自分たちの生に価値を見出そうとするだけでいいのだ。相対主義の誘惑にあらがって生きることだとも言える。例えば、真の友情を見極めたいと願い、深く考えながら友とつきあうこと。現実の恋に生きながらも、愛の本質を実体験することもできるかもしれない。そうすれば、本気で愛することで、ある意味、永遠の愛、恒久の愛、プラトンのイデアの世界にある理想の愛にたどりつけるかもしれない。何事にも終わりがあると知ることで、私たちの生きる時間はむしろ永遠になるのだ。

束の間の命しかない私たちが十全の人生を生きる最良の方法はここにあるのではないだろうか。理想主義を批判する声もあるが、むしろ、プラトン主義におけるイデアの空の価値は、相対主義に流されないためにこそあるのではないだろうか。私たちに翼を与え、遠回りになっても原則や本質という価値観に立ち返らせる。今生きている世界に永遠という価値を見出させる。「すべてのものに価値がある」「価値観は人それぞれ」といった現代の相対主義を超え、永遠という究極の価値を考えさせることがプラトン主義なのだ。

「現代は、価値基準や意味を失っているという話をよく聞くけれど、哲学は意味を再発見させてくれるものなのだろうか」

確かにそうだ。哲学は意味を与えるのだろうか。質問者のこの言葉について考えてみよう。まず、哲学が何かを「与える」ことはない。哲学が何かをもたらすとしたら、それはあくまでも、哲学に向き合おうとする努力や、世界観を変えるために自らの固定観念を打ち壊そうとする意志や、ある種の考え方のレッスンを経たうえで、何か得るものがあるということだ。

哲学はただでもらえるプレゼントではない。夕食に呼ばれ、席に着いたら「おめでとう」と手渡されるようなものではないのだ。ただで差し出されるとしたら、むしろ毒が入っているのではないかと疑ったほうがいい。あとになって予想外の影響が出て、世間から切り離されたり、無気力に陥ったり、絶望に沈む危険だってあるのだ。

哲学が人生に意味を与えることなどありえない。神父は日曜日、ミサにやってきた信徒に生きる「意味」を授ける。時流に敏感なオフィスで働くビジネスマンは、時代の動きに意味を与えようとする。広告会社のクリエイターはブランドの宣伝のために選んだイメージや言葉に意味を持たせようとする。

哲学は人生に意味を与えようとはしない。思考のメソッドを教え、問いかける姿勢を説くだけで、人生の意味や特別な能力を与えるわけではない。人生の意味は各人が自分で探すべきものなのだ。というのも、そこには私たちの自由や自立といった問題が含まれており、先述したように、ある種の努力を重ねた結果、たどりつくべき答えだからだ。

人生には意味がある、生きる価値があると感じるためにはどんな能力がいるのだろう。哲学は意味を探求する。少なくとも人間が生きる意味や世界、歴史の存在理由を考え続ける。だが、答えを見出せないときもあるし、ニーチェのように真実や意味を渇望しても決して得られないことを受け入れよと諭す哲学者もいる。

ニーチェらの主張に反し、世界や人生に意味を見出す哲学も存在するが、先駆者が著した論説を真っ向から否定する主張となることも多い。スピノザはデカルトを批判し、ヘーゲルはカントに対抗した。もし、その哲学者が与えてくれる意味、示してくれる意味だけを求めて、哲学者を信奉するなら、他の哲学者を捨て、たった一人とは言わないまでもほんの数人に絞って、哲学者の懐深くまで踏み込んでいかなければならない。

だが、そうなると、対立するスピノザとデカルト、ヘーゲルとカントを共通して動かしているものが見えなくなってしまう。主張は違っても、彼らが真理を求め、容易に満足せず、驚きをもって向き合っていた態度は同じなのだ。たとえるなら、哲学者としてどこの陣営に属し、どんな会員証を手にしようと、すべての派閥の会則に必ず「私は哲学に賛同し、今後一切の保身を放棄します」という一文が含まれているといったところだ。哲学は存在理由など与えない。まず批判の能力を与えるのだ。

「どうしてこの世はこうなのでしょう」

こういう質問は大好きだ。冗談だろうが、本気だろうが、関係ない。とにかく、疑問をもつことが大事なのだ。これは個人、国家、形而上学、どの次元にもいえることだ。

例えばここに、十六歳の青年がいる。彼は女の子たちに対して、いつも臆病であると同時に、彼女たちを馬鹿にしているかのような態度を取り続けてきた。彼はどうしてそんなふうになってしまったのか。例えば、ここ数年のフランス。国民は大統領に国家の運営を任せ、その直後にこき下ろす。同一人物への評価が当選前後で一転する。それはなぜなのか。無限の宇宙はどうだろう。常に拡大し続ける宇宙は、どうしてそういう仕組みになっているのか。なぜ、人は存在するのか。生きている理由は何なのか。その存在意義は何なのか。

正直に言おう。わからない。だが、私は毎日、疑問を抱き続けているし、良いことがあった日も、悪いことがあった日も常に自分に問い続けている。太陽が海に沈むのを見るたびに、なぜだろうと思うし、空を飛ぶかもめを見ても、苦行のような日々の繰り返しに忙殺されている人間を見ても、どうしてそうなってしまうのかと思う。自分自身のふるまいについても、世間の人たちについても、どうしてそんなふうになるのかと疑問に思う。生命に存在理由はあるのだろうか。

これについては、古代にもストア派とエピクロス派を二分する議論があった。ストア派にとって世界《コスモス》は、宿命や絶対の秩序に基づくものだった。私たちの存在は世界のなかに位置づけられ、その一部をなし、それが存在理由だった。

一方、エピクロス派にとって世界は偶発的なものであった。確かに、現状はそうであっても、そうならない可能性もあった。人間だってもちろんそうだ。そうなると、存在していること自体に意味を求めることはできない。エピクロス派にとって、今ここにある状態は、こうでなかった可能性もあるし、そもそも存在しなかったかもしれないものである。この議論は哲学の歴史のなかで、その後も続き、今に至る。

サルトルがフロイトの運命論を批判したのもこの議論の延長とみてよいだろう。フロイトは、人間の在り方は、その人が家庭のなかのどのポジションに生まれたかによって左右されるとし、その性質は生まれながらにある程度決まっているものだと主張した。サルトルはこれに反論し、家族、もしくは社会のなかでの立場に関係なく、人間は自由であり、何にでもなれる存在であり、今と異なる存在になれるものだとした。

フロイトはストア派の血統を引く子供であり、サルトルはエピクロスの息子ともいえる。サルトルに言わせれば、人が今の自分であることに必然性はない。だからこそ、嘔吐《おうと》しそうになるほど苦悩し、また自由でもある。そうなると、また別の疑問が浮かぶ。必然性のある存在と、必然性のない存在、どちらが充実した生を生きられるだろうか。

4

政治

政治は現実的であるべきか、理想を目指すべきか

政治においてあなたはどちらかというと現実主義だろうか、それとも理想主義だろうか。現実主義者にとって、人間は利己的で自分勝手であるが、それでも集団で生活していかなければならないとわかっている存在である。

ホッブズによると、人間は共存すべきだということ、もしくは共同生活をするほうが有益だということを理解するだけの知性をもっているが、本心では他者を快く思っていない。国家なんて所詮、富の所有者たちが自分の財産を守るために手を組み、彼らがそれを決めたから、もしくは彼らが必要としているから、生まれただけのものである。

「だれもを畏怖させるような共通の権力を欠いたまま生活している限り、人間は、戦争と呼ばれる状態、すなわち万人が万人を敵とする闘争状態から抜け出せない」

ホッブズ『リヴァイアサン1』（角田安正訳、光文社古典新訳文庫）

一方、理想主義者にとっての人間は、社会生活が有益だということを理解しているだけではなく、ともに生きることを望んでいる。しかも、社会生活を営むことによって、「より徳の高い存在」になれるというのが理想主義者の「国家観」だ。

ルソーはこれを「自己改善能力」と呼んだ。さらに、この特性が人間固有のものであることを指摘している。ルソーによれば、人間と動物を区別するのは、理性や言語よりもこの「より良いものになれる可能性」にあるという。

政治とは、まさに、理想的なかたちで、人間を改善していくことであり、市民権の行使とは、この「より良い人間」になるための実践なのだ。

〈人間の特性：自己改善能力〉

「この問題にはさまざまな難点があって、人間と動物の違いについて、なお議論の余地が残っているのはたしかであるが、人間と動物を区別する別の特別な性質があり、これについては議論の余地はないのである。それは人間にはみずからを改善していく能力がそなわっているということである。これは環境の力を借りて、次々とあらゆる能力を発展させていく力であり、この能力は種としての人間にも、個体としての人間にも存在している。これにたいして動物の個体では、数か月のあいだにすべての能力の発展が終わり、その後は一生をつうじて変わることがない。そして動物の種は一〇〇〇年後になっても、最初の一年の状態と同じままなのである」

ルソー『人間不平等起源論』(中山元訳、光文社古典新訳文庫)

民主主義とは

政治における現実主義と理想主義の違いがより鮮明になるように、民主主義を例にとって説明しよう。

現実主義者から見ると民主主義は人民、つまりは多数派が力をもつ制度だ。トクヴィルをはじめとし、民主主義を批判する思想家たちは、これを「多数派による暴政」とみる。非常に具体的で現実的なこの考え方によると、民主主義における権力は、単なる票の数、同じ意見をもつ人の人数、つまり数量による裏付けしかない。つまり、多数派が「暴君」と化し、自分たちのやり方を少数派に押し付けることになる。

〈トクヴィルと多数派の暴政〉

「集団としての多数とは、それが少数と呼ばれる他の個体と意見を、そしてしばしば利害を異にする個体でなければ、いったい何なのか。さて、もし、すべての力をもった人間が、これを、その反対者に対して濫用するのを認めるなら、何ゆえに多数に対して同じことを認めないのか」

トクヴィル『アメリカにおけるデモクラシーについて』（岩永健吉郎訳、中公クラシックス）

多数派はしばらくのあいだ権力の座にいるが、彼らの生活がこの権力によって変化することはない。現実主義の理論をさらに深読みすれば、民主主義における「多数派」は、実は国民全体のなかの一握りの人間でしかない場合もある。

フランスの大統領選を見てみよう。棄権者が相当数に上り、第一回投票と決選投票の間で票の「振り分け」〔訳注：第一回投票で落選した候補者が、決選投票に残った候補者のどちらかへの支持を表明し、自分に投票した選挙民を誘導すること〕に従わない人の割合が相当数になれば（第一回投票で落選した候補者が、自身の支持者に対し決選投票ではこの人に投票してほしいというメッセージを出さない場合も含む）、決選投票で「多数派」によって選ばれたはずの大統領は、本当は国民全体のなかの「少数」にしか支持されておらず、実は第一回投票からその候補に投票していた「少数派」だけにしか支持されていない可能性を含んでいるのだ。民主的な手順を踏んでも、「少数派による暴政」を完全に防ぐことにはならない。

では、理想主義者はこれをどう見るか。彼らにとって、民主主義は政治的な実践である。本気で政治に向き合う者は自分を変えることができ、より良い人間、つまり、討議するなかで語る術、考える術を磨き、さらには他者と共通の問題について議論を重ねることで連帯を強め、より完璧に近い人間になれると考える。

この理想形は、もはや、本来の語源を超えるものである。単なる「人民（デモス）」の「力（クラトス）」〔訳注：デモクラシーの語源〕ではなく、人間を向上させ、完璧に近づけるシステムが理想主義者にとっての民主主義なのだ。

そして、この理想を実現するためには、各人が投票の際に、自身の利益ではなく、国家全体の利益を優先させることが前提になる。こうした努力こそが、人を良い方向に導き、徳の高い人間となし、利己的な個人を「市民」につくりあげるというわけだ。もし、各人が現実主義の考え方で自分の利益だけを考えて投票すれば、その結果は、特定の利益を共有する多数派の勝利に終わってしまう。

法とは

法についての考え方もまた、政治における理想主義と現実主義の対立を軸として捉えられる。現実主義者にとって法は共有されるルールであり、利己的な傾向のある個々人がともに暮らすために必要なものである。法によって個人が変わることもないし、人間の本質が変わるわけでもない。

ホッブズにおいて、人間は、基本協定を結ぶことで、自然から脱し、政体を選択したことになっているが、この協定が、人間の奥底にある本質に何らかの変化をもたらすことはない。ホッブズは人間を利己的でずる賢い存在としていたが、法をもつようになっても、人は利己的でずる賢いままだ。現実的な人間たちは、ただ自分たちの利益を守りたいがゆえ、安全と引き換えに自由を制限することを受け入れたというわけだ。

一方、理想主義からみると、法は人を変え、人にこれまでにない自由を与えるものである。ルソーによれば、法を論じ、全体の善について考えることで、人は（それが可能ならば）より良い存在となることができる。個人の心に、新たなタイプの人間、市民としての意識が宿るというのだ。

だが、ルソーは自身の理想主義的な傾向に気がついていた。彼は実際にはそんなことは実現不可能だとも思っていたのである。「人間に法を与えるのは、神々でなければならないだろう」。神様でもない限り、個々人の利益に左右されず、全体の利益を俯瞰することなどできないというのだ。

〈理想主義でありながら現実的なルソー〉

「もしも神々からなる人民であれば、この人民は民主政を選択するだろう。これほどに完璧な政体は人間にはふさわしくない」

ルソー『社会契約論』（中山元訳、光文社古典新訳文庫）

要するに現実主義は自由よりも安全を優先し、理想主義者は安全よりも自由を優先するともいえるだろう。

「法は守らなければならないのか」という質問に対し、現実主義は自然界の暴力的な価値観に戻ってしまわないように、皆が共存するために、罰を受けることのないように、法は遵守すべきだと答えるだろう。理想主義者なら、法は尊重するべきだが、それは法を守ることで人は成長できるから、新しい社会的な人間になれるからだと答えるだろう。また、理想主義者は法を尊重し、現実主義者は法を順行するともいえる。

社会とは

この命題を下敷きに社会について考えることもできる。現実主義にとって社会は必然であり、必要であり、もしくは選択肢のなかから消去法で選ばれた解決策である。あくまでも生き延びるため、もしくは利益が保証されているがゆえに、人は協力し合い、交流を発展させていくのだという理解になる。

〈ショーペンハウアー、ヤマアラシと社会〉

「やまあらしの一群が、冷たい冬のある日、おたがいの体温で凍えることをふせぐために、ぴったりくっつきあった。だが、まもなくおたがいに刺の痛いのが感じられて、また分かれた。温まる必要からまた寄りそうと、第二の禍がくりかえされるのだった。こうして彼らは二つの難儀のあいだに、あちらへ投げられこちらへ投げられしているうちに、ついにほどほどの間隔を置くことを工夫したのであって、これでいちばんうまくやっていけるようになったのである。――こうして、（中略）社交の要求は、人びとをたがいに近づけるが、そのいやらしい多くの特性と耐えがたい欠陥は、彼らをふたたび突きはなすのである。彼らがついにあみだした中ぐらいの距離、そして共同生活がそれで成り立ちうるほどほどのへだたりというのが、礼節であり、上品な風習というわけだ」

ショーペンハウアー『余録と補遺』（秋山英夫訳『ショーペンハウアー全集14』白水社所収）

一方、理想主義にとって社会は、知性による利益の選択、もしくは他に選択肢がないという消極的な理由で「受け入れる」ものではない。社会とは各人が人間性を深める場であり、知性だけではなく思いやりの場である。だからこそ、社会における共生は人間性を深めるために必須なのだ。

国家とは

最後に、国家に的を絞って現実主義と理想主義の対比を考えてみよう。現実主義者にとって、国家は、歴史のある時点で、富の所有者たちが個人財産を守るため、集団的な安全を保障するための方策としてつくりあげたものである。

「国家とは、冷ややかな怪物のなかで、もっとも冷ややかな怪物のことだ。冷ややかに国家は嘘もつく。国家の口から、こんな嘘が漏らされる。「国家である吾輩は、民族である」」

ニーチェ『ツァラトゥストラ』(丘沢静也訳、光文社古典新訳文庫)

反対に、理想主義者にとって近代国家は、主要国において歴史が進化していくなかで、自由が拡大した結果として誕生したものである。ヘーゲルにとって（ヘーゲル的理想主義という言葉まである）、最高の真理、最も美しい真理は「人間の自由」であり、歴史の流れの中でこれが徐々に具体化されていった結果として、近代国家が生まれたということになる。

近代国家とは法であり、「法（正義）の体系とは、実現された自由の王国」（序文・§4）なのである。現実主義者にとって、国によって提供される公的サービス（警察、司法、福祉、教育など）は、安心して社会生活を送るために必要であるからという理由だけで存在し、ときに自由を犠牲にしてまで負担（納税、保険料の納付）を強いられるものでしかない。理想主義の側から見た公的サービスは、いわば「思いやり」をシステム化したものである。ヘーゲル風に言うなら、身近な者への親切心を客体化し、一般化したものということになる。

「国家は具体的自由の現実性である」

ヘーゲル『法の哲学』(上妻精・佐藤康邦・山田忠彰訳『ヘーゲル全集9b』岩波書店)

以上のような流れをふまえ、政治について考えるときはそれがどんなテーマであろうと、自分がどちらかというと現実主義の側に近いか、理想主義の側に近いか、自問してみるといい。

〈ホッブズVSルソー〉

「ジュネーヴのルソー氏の哲学は、ホッブズの哲学の裏返しと言ってよい。一方は自然のままの人間を善良なものと考え、他方はそれを邪悪なものと考える。ジュネーヴの哲学者によると、自然状態は平和な状態であるが、マームズベリの哲学者によると、それは戦争状態である。(中略)一方は騒乱と陰謀の中に生まれ、他方は社交界や学者の間で生活していた。時代が変わり状況が変われば、哲学者も変わるわけである。ルソー氏は雄弁で感情に訴えるが、ホッブズは非情で峻厳でたくましい。この人は王座が揺らぎ、市民が敵味方に別れて武器をとり、狂信的な長老派の狂躁によって祖国が血の海になるのを目撃した。だから、神も牧師も祭壇も蛇蝎視するようになったのである。一方、ルソー氏の方は、万学に通じた人々が互に傷つけあい、憎みあい、情念に身を任せて、名声や富や顕職をあさり、獲得した知識にそぐわないような行動をするのを目撃した。だから、学問や学者たちをさげすむようになったのである。二人とも極端にはしりすぎたのだ」

ディドロ「ホッブズ哲学」（野沢協訳、『ディドロ著作集第2巻』法政大学出版局所収）

質問と回答

「どうして人間はこうまで他人に対して権力をふりかざしたがるのでしょう」

どちらかというと、哲学というより精神分析のほうに話が及びそうな面白い質問だね。さて、この質問に答えると、政治権力に対する哲学の限界を示すことにもなるのだが、まずはプラトンの第七書簡から始めよう。

このなかで彼は有名な「哲人王」について論じている。どうして一部の人間はあれほどまでに権力に執着するのかということは説明されていないが、権力を効果的に行使する条件については書かれている。プラトンの視点を借りて、質問に答えるとしよう。

この手紙で、プラトンは、政治的な野望を抱いていた自身の青年時代について語り、自分の考えを示している。彼は、他人を「統治」する前に、自分を「管理」することが大事だと考えた。つまり、君主にふさわしい人間になるには、まず感情を抑制できる賢人であり、哲学者である必要がある。さらに、プラトンは、権力の座についてから哲学を学ぶことも可能だと付け加えている。

「すなわち、私は独立して一人前になるやいなや、ただちに国家の公事に携わろうと考えたのです」

プラトン「第七書簡」（山本光雄訳『プラトン書簡集』角川文庫）

もちろん、このいかにも理想主義的な主張を鵜呑みにするわけにはいかない。プラトンは、多くの権力者が抱いている現実的な動機、そう簡単には変えられない本当の動機に言及していないからだ。

プラトンの主張に戻ろう。権力の座を目指す前に、まず自分を「統治」する賢人になるべきだと彼は言う。だが、これを反転させてみよう。賢人となり、知ること、知識を得て成長することに純粋な喜びを覚えるようになったら、もはや権力が欲しいとは思わなくなるのではないだろうか。もし、権力欲が残っているとしたら、内省や知性だけでは満足できないということ、まだ欲があるということ、つまり「賢人」の域に達していないということになるのではないか。

知の理論と権力の理論は、どうやら同じものではなさそうだ。知を愛することは本来、権力欲を否定するものであり、プラトンのような哲学者がこんなことを言うのは不思議に思えてくる。権力との向き合い方についてプラトンが苦悩していた理由は、別の要因もあるのかもしれない（プラトンはシチリア島に行き、シュラクサイの王、ディオニュシオス二世の暴政に「助言」しようとしたが、思ったような結果を得られずに終わっている。彼のこうした経験も、この件に関係があるのかもしれない）。

さて、質問の回答に戻ろう。一部の人間、特に政治家と呼ばれる人たちは、なぜそこまで他人を支配したがり、権力に執着するのか、それは彼らが賢人ではないからだ。彼らが自分自身を「統治」しきれていないからだ。

ついでだから、プラトンの提案を逆説的に採用し、こう付け加えたい。彼らが若いうちから権力の座を目指したがるのは、自分の奥底にある「欠陥」を早々に自覚しているからではないだろうか。欠陥とはつまり、彼らの抱える不安であり、本当の意味での賢人になることはできないだろうという予兆である。

権力欲の強い人とは、青年期に、自分をコントロールする自信をもてなかったことに由来するのかもしれない。だから、他人を支配しようとする。自分を抑えることができないので、他人を抑圧しようとする。それが彼らのストレス解消になっているのだ。だが、この手の鬱憤晴らしは、多くの場合たいして役には立たず、支配欲はかえって増大していく。もちろん、自制心と統治能力を併せもつ政治家も存在はするだろう（ドゴールやチャーチルあたりはその例と言えるかもしれない）。ただその場合、彼らが権力のなかに見出したのは他人を支配する力ではなく、現実や歴史を変えていく力だったのだ。

「法を守らないことは、どんなときも例外なく不道徳なことでしょうか」

法を守らないというだけで反抗的だ、不謹慎だと決めつけることはできないが、たとえそれが不当なものであれ、お叱りを受けることは覚悟したほうがいいだろう。これは法をどう捉えるのかという問題だ。

だが、法は道徳と同じではない。法は一般的なものでしかなく、道徳は普遍的なものだからだ。法規というのは、特定の時代に相当数の人たちがともに生きるためにつくられたものでしかない。善と悪を区別する道徳は、すべての人、すべての時代にあてはまるものだ。

さらに言えば、善悪の判断は外から見える行動だけが基準となる。その行為の根底にある意図が善意によるものか、悪意によるものかは、行為者本人にしかわからない。だが、道徳は、むしろ、この意図の問題なのだ。あなたが法を犯したとき、それが善意によるものか、悪意によるものか、他人には判断できないのである。

道徳的な行為の偉大さは、自由の内在にあるとカントは指摘している。善をなそうという意志が自らのもの、つまり、純粋に自分の意志のみに従って善行をなそうとしたときが、本当の道徳的行為だというわけだ。

要するに、たとえわずかでも、法の遵守を強制する権力(例えば路上に警官がいるなど)や、違反者を罰する権力(例えば司法)が介在する限り、法は道徳ではない。外側から誘導されて、法を遵守しているだけだからだ。

さらに言えば、人間の歴史のなかでは、フランスのレジスタンス運動〔訳注:第二次世界大戦中、ドイツ占領下における抵抗活動〕や、カミュが「反抗的人間」と呼んだ人たちのように、道徳的であろうとしたからこそ、法に背かざるをえなかったという事例も少なからず見受けられる。

この一見矛盾した行動を見れば、さきほどの質問の本当の意味は明らかだろう。文明社会に生きる以上、道徳以外の理由（習慣、保守、罰への恐れ、予想される利益など）によって、法の遵守を求められることが多い。だが、道徳上どうしてもやむを得ない場合は法に背くことも必要になる。

ここでひとつ難しい問題が生じる。どうすれば、法を遵守する日常、ともすれば主体性を失い、疑問すら抱かず、道徳観すら眠らせてしまいそうな日常生活のなかでも、いざとなったら奮起する勇気を維持しておくことができるだろうか。これこそ、質問者が求めている答えではないだろうか。

非人間的な法律に対し、反抗心を燃やすのはどんな人間だろう。どちらかといえば反抗的な、質問者のように、法に疑問を抱いている人だろうか。それとも、何の疑問も抱かず、法に従う法律尊重主義者だろうか。

5 道徳

道徳は現実に存在するのか、ただの幻想なのか

道徳が存在するというのなら、まずはカントに従い、人間は純粋に、つまり私欲を捨て、誰からも強制されることなく、善を求めることができると考えてみよう。道徳的に行動するとは、単に、しつけの行き届いた犬が飼い主のいうことをきくように、「良い教育」の教えを守ることではない。善行はあくまでも自分の意志によるものでなくてはならない。つまり、自主性《オトノミー》(autonomie)が伴わない道徳は存在しない。私は私の意志で(auto)、善の規律(nomos)を守るのだ。

だが、たぶん、こうした昔ながらの道徳観は幻想でしかない。人間は結局のところ、利

敏いのだ。善行をなすときでさえ、メリットを意識してしまう。良い印象を残したいとか、尊敬されたいなど、他人から大事にされたいと思い、見返りを求めたり、疚《やま》しさから逃れようとして善行をなすにすぎない。道徳とは利益の追求を隠蔽するもの、もしくは偽善なのかもしれない。人間は、体面を繕いたがる気持ちに「偽善」という美しい名を与えたのだ。

「有徳の行為、自己または自己の利害を犠牲にすることは、高貴な魂の要求であり、高潔な心の自尊心であり、いわば、偉大な品性のエゴイスムである」

シャンフォール『格言と反省』（大島利治訳『世界人生論全集9』筑摩書房所収）

実際のところ、人は外見でしか判断できない。カントは、「道徳律を純粋に尊重した」善行を完璧な行為（それが本当に可能ならば、道徳は存在することになる）と呼んだ。だが、実際のところ、これを「習慣としての道徳的行為」（この場合、真の道徳は存在しない）と区別することは不可能なのだ。その行為者だけは「内心に問うことで」その意図が本当に善に根差したものかを知ることができる。自分の意識と向き合うときだけ、道徳は客体化される。たぶん、よく耳にする「良心の呵責《かしゃく》」というのは存在するのだろう。だが、外から見ているだけの他人にそれは判断できない。

カインとアベルの兄弟殺しを題材としたユゴーの詩「良心」の最後の一行には、「墓の中から目がカインを見ていた」とある。目とは何だろう。死んだアベルの目をいうのか、神の目をいうのか、これは弟を殺してしまったカイン自身の目、カインの良心の目ではないだろうか。

道徳と自由

道徳は現実か、幻かという議論を通して、自由の問題を新たな視点で考えることができる。もし、道徳が存在するなら、これもまたカントがいうように、ある意味で自由もまた存在することになる。人間には自由に決める力があるからこそ、本性である利己的な傾向が強制する野蛮な行為から離れることができ、理性が善だと判断した行為を実行に移すことができるというわけだ。

つまり、この場合、自由は、本来的に道徳である。誰も私に善行を強制できない。私の行動を決めるのは、私だけだ。つまり、道徳は人間だけがもつことができる自由なのである。動物と異なり、われわれの行動は本能に突き動かされた衝動だけではない。人間は、自然本来の性格から離れることができる。道徳や自由はそこにかかっている。

「つまり、自主的な行為と道徳的な行為の間にはかなり近しいものであり、道徳的な行為とは、すなわち自主的な行為、もしくは、非常に優れた自主的な行為なのである」

モーリス・プラディーヌ『一般心理学概論』（未邦訳）

反対にもし道徳が存在しないなら、私たちの行為はすべて利益を目的とするもの、もしくは本能や習慣など、自分の意志によらないものだということになる。そうなれば、カントのいう自由は人間には存在せず、ただ自分のなかにある獣性、本能に従っているだけということになる。

もちろん、計算や功利に基づき、自由に行動することだってありえる。だが、その場合は、自由に対して一般的に言われている批判や疑念がそのままあてはまるだろう。今、私が満たそうとしている利己的な欲求さえも、デュルケームがいうように、私の所属する社会階層がそうさせているのかもしれない。スピノザがいうように、功利的な行為を説明するだけの十分な根拠があるのに、ただそれを自覚していないというだけで、自分は自由だと思い込んでいるだけなのかもしれない。

だが、カントならば、自由の道徳的な定義を示すことで、これらの疑問にきちんとノーと答えることができる。カントにおける道徳とは、自由の根拠を自分自身の純粋な意志におくものだからだ。その意図が純粋なものであるかを審判するのは、ただ自分の良心のみなのである。

道徳と義務

今度は、道徳は現実か幻かという議論をもとに、義務について考えてみよう。

もし、道徳が存在するなら、道徳という「当然なすべきこと（他人への善行を手段としてだけではなく、目的として考える）」は、もはや「義務」となる。私が私に自由な意志のもと、善行をすべきだと命じるのだ。「私」が道徳的義務を遂行する起点は、私にある。つまり、善行とは他人に対する行為であると同時に、自身に命じる行為でもある。

さて、反対に、道徳が存在しないなら、私が他者に対して負う義務（他者を攻撃しない、他者の自由を妨害しない）は、外からの強制、つまり（自分の良心ではなく）社会が強要する規制に近いものとなる。もし道徳が存在しないのならば、私たちが互いを尊重しあう、いやむしろ、寛容に許しあうのもただそれがお互いに効率的だからということになるし、他者への義務も、利益が目的だということになる。そして、自分自身への義務に至っては、たぶん存在しない。

幸福とは

最後に、この命題をもとに幸福について考えてみよう。

もし、道徳が存在するなら、徳との関係をもとに幸せかどうかが決まる。本当に幸せであるためには、善行をなすこと、いやその前に善行をなそうと思うこと、思えることが重要なのだ。自分の奥底で、良心の存在を意識し、真に人間らしくある自分に誇りを感じることが幸福である。

もちろん、それが本当の幸福なのか、議論の余地はあろう。カントはこんなふうに明確に答えている。大事なのは、幸福になろうとすることではなく、幸福にふさわしい人間になることだ。

「だから道徳とはそもそも、いかにしてわたしたちがみずからを幸福にするか、という教えではなく、いかにしてわたしたちが幸福に値するようになるべきかという教えである」

カント『実践理性批判』（中山元訳、光文社古典新訳文庫）

もし、道徳が存在するなら、尊厳は幸福よりも重要なものとなる。いや、真の幸福は尊厳や徳にあるということかもしれない。反対に、もし道徳が存在しないのなら、幸福は徳とは無関係だということになる。つまり、この場合、幸福とは、道徳的な資質とは何の関係もなく、良好な状態が継続することをいうのだろう。

ほかにも、定義まで掘り下げて幸福とは何かを考えてみることもできる。個人の幸福、私的な幸福、各人の利己的な願いが満たされれば、それが幸福なのだろうか。この考え方に従えば、他人は、私が自分の幸福を実現するための道具ということになる。

スピノザは、喜び、つまり彼にとっての真の幸福は、存在の力が増大することだと定義している。彼にとっては愛も力を増大させるものである。ただし、愛は外因（愛する相手）という概念が伴う。同様に、スピノザのように、モラルを介さない視点から見ると、他人は、私の幸福、私の喜びを増大させる手段ということになり、とても道徳的とは言えない。

もし道徳が存在するのなら、最大の「幸福」は他者に善をなしたいという思いだ。もし、道徳が存在しないのなら、私の幸福は、他者を道具となして満たされるものである。

質問と回答

「選ぶのはどうしてこんなに難しいのか」

私たちは何もかもが相対的だと思い込まされている。好みも意見も選択もそれぞれあっていいじゃないかと考えがちだ。まるで、何を選ぼうと自分だけの問題だといわんばかりである。だが、それが本当ならば、選ぶことはそんなに難しくないはずだ。なかなか決められないということ自体が、相対主義の嘘を暴いている。

選択が難しいのは、選ぶことで人生が変わるからだ。望もうが望むまいが、選ぶことは、その選択肢に賭けることなのだ。自身が選択をすることで、私は自分の態度をもって、ほかの人々にも自分と同様の選択を迫ることになる。

サルトルは「実存主義はヒューマニズムである」において、戦争のさなか、レジスタンス運動に参加するか、瀕死の床にある母に寄り添うかで迷い、決断を下さねばならない青年を例として引いている。もし、彼が愛国心よりも母への愛を選ぶなら、彼はその行動によって、親子愛は愛国心よりも価値があるものだと示すことになる。それは個人の価値観であると、相対主義者は反論するだろう。だが、サルトルはそうではないと説明する。

神のいない世界において、人間は本質によって定義されるものではない。すべての人は平等に神から見放され、人は価値観の表明として、それぞれの行動を選び取るしかない。人がただその行動のみによって定義されるこの世界では、ひとつひとつの行動が重い意味をもち、決意表明に等しい重要性をもつ。だから、苦しいのだ。

時間、つまり無限の未来のなかに投げ出され、すべてを引き受けなければならない。何かを選ぶたびに、自由と責任が重くのしかかる。苦しいのは、それがどんなに小さな選択であっても、意味をもつからだ。肉の焼き具合はウェルダンにするかレアにするか、髪はロングかショートか、そんな選択でさえもサルトルが「投企（プロジェ）」と呼び、フロイトが「無意識」と呼んだものと同じ重さをもつ。

さらに別の側面もある。私たちの選択は本当に自分の意志なのだろうか。フロイトに先立ち、ニーチェもこう書いている。「それが私のなかで決めた」。私たちの肉体は、矛盾しあう本能がうごめく劇場なのだ。そのなかのひとつが、他の欲望よりも優位になると、人は「自分が決めた」と思い込む。しかし、実は私のなかの一部、本能の一端が決めただけなのだ。それでも人は理由を後付けして、「自主性」や「主体性」を擁護しようとする。

だが、それを決めた「私」とは誰なのか。選択時の「私」だろうか。では、今の私ではないのだろうか。今の私、この先そうありたい私はどうなるのか。それは常に同じ私なのか。もし、気まぐれを起こし、気が変わってしまったら、それを選んだのは本当に私なのか。

選択が難しいのは、たとえ本当にそれを決めたのが自分なのか確信できなくても、おのれの選択として受け入れ、決断しなければならないからだ。それが人間の負う責任というものだからだ。

選択が難しいのは、それを選ぶ自分が誰なのかわからないからであり、同時に、矛盾するようではあるが、選択することで自分は自分になるとわかっているからだ。自分の意志など自分でもわからない。それでも選択の連続が私をつくる。

「哲学者はどうやって自分の死に備えているのでしょう」

モンテーニュより前にプラトンが「哲学とは死に方を学ぶことだ」と言っている。死はプラトンにとって、永遠の真理を再発見する機会だった。私たちは生まれる前、その真理に浸っていたはずなのだ。

「死に備える」とは、「肉体の死」、あらゆる本質的ではないものを終わらせ、永遠という視点からものを眺める天上の精神のみにて生きる存在、すなわち賢者になることである。

東洋の思想においても、死を先取りし、死後の世界をあらかじめ生きることを説くものがある。死は、私たちが執着する人や、場所や物から私たちを引き離す。ならば、今から執着を捨てておこうというわけだ。そうすれば、いつ死が来ても準備はできている。もう失うものはない。ガネシャという神様〔訳注：ヒンズー教の象の顔をした神様〕は多くの場合、片手に小さな斧をもち、もう片方の手に縄をもつ。斧は命とのつながりを断つためのもの、縄は人を精神世界に引っ張り上げるためのものといわれる。

そこで疑問がわく。瀕死の状態でもないのに、死に備えることはできるのだろうか。人生を諦め、心躍ることに背を向けるしか、死に備える方法はないのだろうか。

実際、正反対の生き方にも心惹かれるものがある。東洋の教えのように執着を捨て無に至るのではなく、あらゆる可能性を試してみて、できる限り多くのことを見たり、体験したりしたうえで、心置きなく死を迎える。「もうやることはやりつくした」「いつ死んでもよい」という境地を目指す。だが、当然のことながら、すべての可能性を生きることなど不可能なのだ。

死がどんなものなのかはわからない。経験がないからだ。当然、死に備えることは難しい。老いや病というかたちで予兆を感じることはある。喪失感や後悔など、誰かの死をきっかけに学ぶこともある。だが、死を経験することはない。死を思い浮かべることすら難しい。つまり、備えるという言葉は正しくない。

だからといって、死への疑問を封印することはない。人生に悔いのある者、落伍者を自認する者ほど、死への恐怖は強い。充実した人生を送った者は、より穏やかな気持ちで死を覚悟する。もちろん、いつ死んでもいいというわけではないだろうし、誰だって死は怖い。だが、それでもなすべきことをしたと思えれば死への恐怖は弱まる。たぶん、それが死を考えるヒントであり、生きるためのヒントでもあるのだ。

「実践を伴わない哲学者が多いのはなぜなのでしょう」

回答に困る質問だ。正直に話すしかあるまい。よく知っている実例を引くとしよう。私自身のことだ。この本を書いているときでも、学生を前に教壇に立っているときでも、しばしば「すべてを放棄せよ」という教えを披露することがあるし、世界や障壁との向き合い方を変えるよう説教することもあるし、意欲だけで暴走することの限界を示し、力ずくで壁にぶつかっていくような西欧的で性急な主意主義〔訳注：意志の力を重視する考え方〕に陥らぬよう助言することもある。

それなのに、なぜ、私は自分の実人生において、他者に教えているような知恵を実践することができないのだろう。どうして、私は教科書を書いたり教壇で教えたりしているときの私、執着を捨てる生活を説く私、そのほか哲学者として活動しているときの私ではいられなくなるのか。

なぜ、手痛い失敗を繰り返すのか。何かがうまくいかないと、すぐに腹を立ててしまうのか。生徒の前では一日じゅう、焦りは禁物だ、すべてを理解しようと思うな、わからないからこそ、文章を読み込み、著者の声に耳を傾けるべきなのだと言っているのに、いざ私生活に戻ると、わからない部分があることが我慢できないのか。

執着を捨てるなんて、夢のまた夢、理論上のものでしかない。障壁には正面からぶつかる。親しい友人には甘えてしまう。無駄な時間、迷う時間、待ち時間が耐えられない。あれもこれもやりたがる。きっと子供のときからそうだったはずだ。疲れ果てたときか、相当に痛い目にあったとき以外、おとなしく諦めることはできない。

人は自分が知っていること、自らの経験をもとにしか話せない。私はどうして自分が実践できていないことを話せるのだろう。いや、私は実践できていないからこそ、哲学を語ることができるのだ。

同じことを見事な言葉で表したのがニーチェだ。「自分にかけられた鎖を解くことができない者でも、友だちを救う者になることもある」とニーチェは言っている（『ツァラトゥストラ』丘沢静也訳、光文社古典新訳文庫）。ニーチェの作品はルサンチマン〔訳注：強者に対する恨みや鬱屈した感情〕の解毒剤である。

ニーチェ自身もルサンチマンという感情をもっていた。彼自身もそこから自由にはなっていない。もちろん、そこから逃れようとはした。彼は心を病み、書くことでわれわれに

「大いなる健康」のヒントをくれた。

自分が病気だからといって、他人を健康にすることができなくなるわけではない。自分が愚かだからといって、他人の学びを手伝えないわけではない。自分が憎悪を抱えていても、他人が愛ある生活を送れるよう手伝うことはできる。

多くの説教者は、自身とは正反対の姿を語ってきたし、彼自身も葛藤を抱えて努力してきたのだと思う。そして感謝もしていた。自身のなかにだめな部分があるからこそ、他者に善を示し、束縛を自覚することで他者を解放し、卑小さを意識することで、他者を育ててきたのだ。

「誰かを助けるために命を使うことが道徳的と言えるでしょうか」

「命を使う」という言い回しから察するに、例えば、親や兄弟姉妹の遺伝的な病気を治すために生体外受精でつくる「救世主ベビー」や、体細胞クローニングを念頭においての質問だろうか。ちなみに体細胞クローニングとは、他人の細胞を採取し、人為的な操作を行ったうえで新たな臓器をつくり、それを患者の身体に移植する技術のことだ。

こんなことが道徳的に許せるだろうか。西欧的な道徳観を示した古典、カントによる道徳の定義に従うなら、答えはノーだ。カントにとって道徳的な行為とは「他者を常に目的とし、手段としない」ことだった。つまり、たとえ、その動機が命を救うという善意にあるにしても、他人を道具とすることは道徳的にあってはならないことなのだ。

カントは非常に純粋、かつ総合的といってもいい考え方で道徳を捉えていた。他人を「使う」という時点で、すでにその人物に対し道徳的ではなくなってしまう。そういう意味では、企業の会議も、「救世主ベビー」と同じぐらい非道徳的だ。一緒に働く者のアイデアを、計画を成功させるための道具のように「使う」ことは、他人を目的ではなく手段とみなすことと同じだからだ。

シャルル・ペギー〔訳注：フランスの思想家、詩人〕が「カント哲学の手は汚れていない。そもそも、彼らは手をもっていないのだ」といって、カントの道徳観に対して激高したことを知れば、その意味がより明確になるだろう。「手がない」というのは、純粋に理論だけで他者との関係を捉えているという批判である。純粋な思想だけでは、人間関係の複雑さを捉えることはできないし、遺伝上の病気を抱える子供を救うことはできない。質問者は生命倫理法のことも考えているのだろう。

倫理は、道徳とは異なり、今ここにおける最善策を探そうとすることであり、普遍的な善といった道徳の究極の形を求めることではない。道徳は善を目指し、倫理は「最善」を目指す。道徳は善と悪の間にはっきりと線を引こうとするが、倫理は、少しでも「まし」なやり方を選ぶ。誰かを救うために命を役立てるのは道徳的ではないが、倫理的だといえる。

キーワード解説

絶対と相対

絶対とは語源上、「何ものにも関係なく」という意味である。相対とは「何かとの関連において」ということになり、無条件で「相対的」なものはない。常に、「何か」との比較において相対的なのだ。

例えば、この量刑は比較的厳しいものだと言えば、それは犯した罪に対して、もしくは他の刑罰と比べて厳しいという意味だ。絶対と相対の区別はその原点において明確なはずであるが、詳細に踏み入ってみるとなかなかに複雑なことがわかる。

殺人は「絶対悪」である。だが、正当防衛の場合、たとえ人を殺しても、それは少し軽い悪とみなされる。「自分が殺されてしまう」という最悪の状況を基準として、それよりも「まし」な選択肢を選んだということだ。

つまり、正当防衛の場合、殺人は絶対悪ではない。同じ理由で死刑を正当化する主張もある。犯罪者を殺すのは、その危険性に鑑み(念のため書いておくが、ここでいうのは絶対の善を求め、軽犯罪でも死刑が正当化されるような国家のことではない)、「軽減された悪」となる。

以上のふたつの例を見ただけでも、殺人は「絶対悪」ではないということになる。こうした考え方を徹底していくと、人は相対主義に陥り、ついに善悪を絶対の価値と考えられなくなる。

別の例を挙げよう。絶対王政というが、絶対的な権力といわれる王政において何が「絶対」なのだろうか。王は、神から「絶対」の力を授けられるという。それなら、王の力は、自分以外の神によるものであり、「絶対」ではない。

絶対には限界がないこと、時空に左右されないという意味もある。フランスでは、国民が立ち上がり、革命を起こし、「絶対王政」が終わった。つまり、永遠に続くことができなかった以上、「絶対」王政は、「絶対」ではなかった。

ホッブズは『リヴァイアサン』で絶対権力を正当化したと非難されたが、それは誤解だ。確かに、リヴァイアサンの権力は強大だが、あくまでも契約に基づき、彼に従う人間の意志によって成立している。つまり、最初の同意に基づく「相対的」なものなのだ。絶対の権力は実際に存在する。だが、それは人間の従属性に基づく「相対的」なものではないだろうか。

「国民が隷従に合意しないかぎり、その者はみずから破滅するのだ」

ラ・ボエシ『自発的隷従論』（西谷修監修、山上浩嗣訳、ちくま学芸文庫）

宗教の場合、神を絶対の存在とするのは、神の力と知が無限であり、人間に関係なく存在する絶対者であるからだ。だが、この絶対者とて、人間の信仰に相対することで存在しているのではないだろうか。

これはフォイエルバッハの主張である。神が存在するのは、人間がその所有するもの（自由、良心、創造性）に対する権利を拒否し、それを神に託しているからではないか。フォイエルバッハによれば、神は絶対ではなく、人間の投影に相対するものなのだ。そして、人が神への投影をやめれば、神は当然のことながら「死んでしまう」。

「〔人の〕生活が空虚であればあるほど、神はそれだけますます豊富になる」

フォイエルバッハ『キリスト教の本質』（船山信一訳、岩波文庫）

抽象と具象

具象で考える場合、幸福ははっきりと目に見える。例えば、海辺の家、愛する人が目の前に実在すること、親の腕に抱かれて眠る赤ん坊。つまり、具体例を挙げることでしか、幸福は定義できない。

概念には形がないし、幸福を理屈で定義することもできない。だからこそ、すべてに通底する何かを、具体例から引き出して考えることが必要になる。海辺の家や愛する人の存在が与える、世界とも自分自身とも調和がとれていて、もうほかには何も要らないという感覚。

言い換えれば、具体的な幸福とは、海辺の家にある味わいのある床板だったり、裸足でその床を歩くときのやさしい感触だったりする。恋人のちょっとしたしぐさや、やわらかな肉体でもいい。一方、抽象的な幸福は調和や満足感ということになる。

具象、具体（形あるもの、触れられるもの）を示すフランス語コンクレconcretは、ラテン語で「固まったもの」を意味するconcretusが語源である。語源を同じくする英語のconcreteは、コンクリートのことである。具象、具体とは実際に触れることのできるもの、一方、抽象は思考のみで捉えうるものである。

人生は具体的だが、哲学は抽象的だという言葉をよくきく。ここから永遠の問いが生じる。哲学は本当に人生の助けになるのだろうか。具象でできている私たちの実人生を、抽象的な考えによって改善することなど可能だろうか。

カントなら「できる」と答えるだろう。カントは抽象的な考えを、具体的に「整理・調整のための道具」として利用する方法を提案した。これが「理念の統制的使用」というものだ。カント自身、「歴史進化」という抽象的な概念をもとに、国家が連帯する条件を具体的に考察している(『永遠平和のために』一七九五年)。

だが、哲学の抽象性を自嘲的に語る哲学者も存在する。その好例がディオゲネスだ。彼は人前で自慰行為をし、そうでないときは、昼間にランタンをかかげて街を歩きまわった。そして、まわりの人が彼の姿に驚いていると、自分は「人間を探している」のだと弁明したという。奇行と皮肉によって、彼は「人間」という抽象的な概念の無意味さを嘲笑していたのだ。

反革命派のジョゼフ・ド・メストルもまた「人間」に会ったことがないと宣言している。自分が会ったのはドイツ人、イギリス人、イタリア人であるというのだ。確かに、それぞれに異なるすべての人間から共通項、人間の本質を導き出すのは不可能である。そう考えると、彼が激しい言葉で「人権という抽象的な普遍性」を批判したのも納得がいく。実際、「人権主義」に対する批判のすべては、この具象と抽象の議論に根差しているのだ。

「私はドイツ人、イギリス人、イタリア人に会ったことがある。モンテスキューのおかげでペルシア人についても知っている。だが、人間には会ったことがない」

ジョゼフ・ド・メストル

現実態と可能態

五月〔訳注：フランスの受験シーズンは六月〕。高校三年生の女の子が窓から外を見ている。晴天。きちんと復習もした。気分もいい、彼女は「可能態」の状態で試験を受ける。七月十四日。試験がうまくいけば、どんなに楽しい夏になるだろう。水着を着て、「現実態」として試験を経験として生きたあとのはずだ。

「可能態」は、約束であり、潜在能力であり、可能性はあるがまだ現実になっていないこと、実現されていない状態をさす。「現実態」は現実であり、実際に守られた約束である。彼女はその潜在能力を発揮し、「可能性」でしかなかったものを現実にした。彼女は試験に合格した。このふたつの違いこそ、アリストテレスの主張の中心である。

人間には「可能性を現実化する」能力、つまり、現実化する好機を摑む能力があるとアリストテレスは考えた。この好機をカイロスと呼ぶ。現実が良い方向に展開する「好機」といってもいい。例えば、社会生活は人間が人間らしく生きるために必要である。つまり、アリストテレスにとっては、人間らしさを具現化する機会こそがカイロスだった。

社会や政治という概念をもつまで、人は「可能態」にすぎなかった。だが、市民としての役割を果たすことで、「現実態」の人間になるのだ。

分析と総括

ある男性が女性と待ち合わせている。彼は彼女に渡すために用意した花束を見つめている。赤い薔薇の本数がいちばん多く、オレンジ色の薔薇は少ない。葉の占める割合はどうだろう。このとき、彼は花束を「分析」している。

だが、彼はこの花束を渡す時間さえなかった。彼女は現れるなり、別れを告げたのだ。彼女は熟考し、その晩、三年にわたる不幸と倦怠に終止符を打つと決めた。こちらは「総括」である。

分析とは内部構造、何からできているのかを明らかにすることだ。一方、総括は「要約（サマリー）」と同様、大まかなライン、大きなかたまりとして全体像を捉えることを目指す。

花束の例に戻ろう。分析をするときは、構成要素をひとつずつ個別に捉え（赤い薔薇、オレンジ色の薔薇、葉っぱ）、その分量を確認する。一方、総括としてみれば、この花束は明るく楽しげな印象だということになる。

同じことは、モヒートなどのカクテルにも言える。分析は、ラム、フレッシュ・ミント、ライム、ブラウン・シュガーなど材料とその分量を知ることだ。最後にペリエを注いで全体を「濡らす」。モヒートの語源は、スペイン語で「濡らす」を意味するmojar（モハール）だと言われている。さて、総括としてモヒートを説明するなら、「飲み口は軽いがアルコール濃度の高いカクテル」ということになる。

精神分析も「分析」である。実人生の複雑な構造（抑圧された欲動、記憶、無意識を支配する家庭内での関係など）を研究する。だが、最後には「総括」が必要になる。「結局、それは母のせいではなかった」という結論にたどり着いたら、モヒートで乾杯し、母に花束でも送ろう。

「精神科医は分析し、患者がそれを総括するのだ」

ジャック・ラカン

原因と目的

人間はなぜ法を守るのか。習慣、罰への恐れ、教育などの要因を挙げ、従順さの理由を説明することはできる。だが、反対に、原因ではなく、目的、その帰結をもとに法を守る理由を理解することも可能だ。人間はともに生きていくため、人間として向上していくために法を守る。

「原因」に基づく説明は単純だ。一方、「目的」を基準にする手法は、行為を理解しようとする試みだといえる。

原因を探る思考は、まさに近代科学の手法そのものである。どうしてそうなるのかを説明するために原因を求める。化学は原因を考え、沈殿物の状態を説明する。科学（アリストテレスの科学がその代表である）は、長い間、原因ではなく、目的にばかり注目したせいで、正しい見解にたどりつけなかった。

とはいえ、目的を起点にして解釈を展開する思考法は、それ以降も長年続けられており、その一例として、現代的な人文科学の手法を挙げることもできる。例えば、心理学はその目的、つまり行動に与えられた意味を起点として、人間の行動を理解しようとするものだ。

だが、物事はそう単純ではない。心理学のような人文科学の分野では、人間の行動がその目的によって明らかにできるものであるにしても、原因、少なくとも原因と思われるもの（社会状況、景気）がまったく存在しないわけではない。つまり、このふたつは二者択一ではなく、併存することもあるのだ。厳密な意味での科学（物理、化学）は、「どういう仕組みで？」という疑問に答えようとし、原因を探る。人文科学（心理学、歴史学、社会学、哲学）は、「なぜ？」という疑問に答えようとして、原因と目的を探る。

偶発性、必然性、可能性

青年は列車に乗り遅れてしまった。列車は彼がホームに駆けつけた瞬間に発車してしまったのだ。彼は別の列車に乗り、そこである女性と出会う。ふたりはやがて結婚する。ふたりは偶然に感謝することだろう。

偶然とは「そうでなかったかもしれない」ことである。もし予定通りの列車に乗れていたら、彼は別の女性と結婚したかもしれないし、生涯独身だったかもしれない。彼に起こった出来事、もしかすると起こらなかったかもしれない出会いに感謝するとしたら、この出会いが「偶然」であることが前提になる。

古代哲学におけるエピクロス的な考えだ。コスモス、すなわち世界は偶然によって動いているという考え方である。世界はこうではない可能性もあった。まして、人間はいっそう偶然に左右されやすい。それなのに、私たちは偶然にもこの世に存在している。そのことに感謝しよう。これが「今日を摘め〔訳注：カルペ・ディエム。ホラティウスの詩句で今を大事にしようという意味〕」の根底にあるものだ。

いつか老夫婦となったふたりは出会ったときのことを思い出し、青年が降車時に眼鏡を線路に落としたときの様子を語りあっては何度も笑うことだろう。彼が手を離すと眼鏡は落ちる。眼鏡が落下するのは必然であり、重力の法則に従って決まっていることである。

必然性とは他の可能性がありえないことである。哲学における「必然」は、日常生活における「必須」と同じではない。近眼の人にとって眼鏡は「必須」である。それがないと見ることができない必需品である。だが、哲学における「必然」は、科学的な宿命論をさす。必然性、つまり宿命を前に、人間には自由がない。人間は物ではないが、中空に落ちれば、降車時に手から離れた眼鏡のように落下する。

しかし、物事が偶発的であるとしても、人間は自分で決めて行動することができる。さまざまな可能性が広がる。可能性は偶発性と似ている。可能性とは起こりえることをさす。つまり、自分たちにできることに焦点を当てている。もちろん、万一の事態もありえる。だが、私たちのあらゆる能力の可能性を示しているのだ。

男性が電車のなかでこの女性に出会ったのは偶然だった（必然ではない。運命でもない）が、その可能性はあった。偶発性に介入しうる人間の力、例えば、行動する力、見知らぬ人に話しかける勇気、気の利いた言葉を思いつく才能など、それらは人間が自分の力で偶然を選び取る力なのだ。

知ると信じる

一組の夫婦が足早に教会に向かっている。ふたりともミサに遅れそうなのだ。彼らはそのことを「知っている」。教会に急ぐなか、妻はとつぜん思う。自分は神を「信じて」いるのだろうか。ええ、私は信じている。

「知ること」の対象は経験によって論証したり、確認したりすることができる。ミサに遅刻しそうだということを「知る」には時計を見るか、時報を聞けばいい。

一方、信じることは、現実として不確かなものを対象としている。神、他人の感情、明日の天気などを人は「信じる」しかない。私たちはすべてを知ることはできないから信じるのだ。そしてまた、われわれは一度も見たことがないものを思い描くこともあるからである。

動物は信じない。神もすべてを知っているのなら(何しろ、どこにでも現れるのだし)、何かを信じることはないだろう。信じるのは神も動物もなしえないことだ。では、人間だけの特性と言えるだろうか。

夫は、ある日とつぜん、教会に入る前にふと「妻は今も以前と同じように私を愛しているのだろうか」と自問する。そして、「妻を信じている」と思いながら教会の重たい木製の扉を押す。確信はない。証明もできない。だから、「知る」ことはできない。

信じる気持ちが悪いほうに傾けば盲信となり、良い方向に傾けば信頼、ときには希望となる。信仰の美しさのすべてはそのバランスにある。そこがまた難しいのだ。

本質的（エッセンシャル）と非本質的（アクシデンタル）

夫婦が危機を迎えている。ふたりは高級レストランのテーブルで向き合っている。男が先に沈黙を破った。

「今、思っていることを言おう。これまで、ふたりで生きてきたことの本質は、僕たちが愛し合い、子どももふたりいるということだ。今、ふたりの間がぎくしゃくしているのは一時的なことで、本質的なものではない」

本質と非本質の対立を論じたのはアリストテレスだ。もし、この男がアリストテレス派だとするなら、彼は「本質的」という言葉で彼らの関係の奥底にあるその性質、本当の性質、ふたりの関係を決定づけているものという意味で使ったのだろう。

そして、「本質的でないもの（偶有的・アクシデンタル）」とは、日常で使われる言葉の「アクシデント」、つまり交通事故や仕事のトラブルをさすようなものではなく、ものごとの副次的な性質をさす。ここでいう副次的とは、そのものを定義するのには役に立たない情報だということだ。要するに彼が言いたいのは、彼ら夫婦は一時的な不仲ではなく、愛と子供によって定義されるものだということだ。

アリストテレスは、人間を「政治の動物（zoon politikon）」と定義した。彼にとっては「動物」と「政治」は、人間の「本質」を決定づけるふたつの要素であり、このふたつが人間の定義なのだ。このどちらかが欠けても人の本質は表せない。筋骨隆々の胸だろうと、お腹がたるんでいようと、怒りっぽかったり、物静かだったりしようと、そうした個体差は人間の「本質」ではない。ジム通いをしていようといまいと、性格がどうであろうと、人間であることに関係ないからだ。

説明と理解

「さっきから十分間もかけて説明しているのに、君は何もわかっていないね」と教師が言う。説明という行為は、段階を追った論理展開と相手のレベルにあわせる努力が必要とされる。理解とは、知性に光がさすことである。きちんと説明された結果として理解に至る。

説明と理解の違いは、自然科学（物理、化学）と人文科学（心理学、社会学、哲学）の違いでもある。自然科学は自然を対象とし、自然にある現象を原因や法則によって説明しようとする。人文科学は人間を対象とし、人間の行動の意味や、意図を考えることで人間を理解しようとする。説明は合理的な理由を求めることであり、理解は人間の行為の意味や、達成しようとする目的を解明することだ。

マックス・ウェーバーのいう「理解社会学」とは、人間や社会について理解するには、人間がその行為にどんな意味を与えているかを解明することから始めなければいけないという考えが示すものである。社会的な事象や、社会における個人の選択をただ単純に説明しようとしても、もはや不可能であり、説明するのではなく、理解しようとすることのほうが重要だというのだ。

一方、デュルケームは、社会的な現象を物のように見ることを提唱しており、人文科学（社会学）にも自然科学のメソッドを取り入れるべきだとしている。人が行動に託した意味を解釈する必要はなく、ただ合理的に、社会における個人の行動を説明すればよいというわけだ。彼はその記念碑的著作『自殺論』（一八九七年）でこの方法論を展開している。この本で彼は自殺をその要因、いやむしろ統計上の発生条件に基づいて説明し、各人がその死にこめた意味については一切問題にしていない。デュルケームは自殺を説明しようとしたのであり、理解しようとしたわけではないのだ。

「われわれは自然を説明し、心的生を理解する。(中略)心的生・歴史・社会を研究する方法と、自然認識をもたらす方法との間に、きわめて大きな相違が成立する」

ヴィルヘルム・ディルタイ「記述的分析的心理学」(丸山高司訳『ディルタイ全集第3巻』法政大学出版局所収)

法的な権利と現実

現在、フランスにおいて、グランゼコール〔訳注:フランス高等教育システムのひとつ。大学とは別のものであり、最高教育機関〕に合格する生徒の大半が、ブルジョワ家庭の出身であるというのは「現実」だ。だが、「法的な権利」のうえでは、グランゼコールは公的な機関であり、受験資格は出身階層に関係なく広く開かれている。このことから、「権利」と「現実」の関係が浮かび上がる。果たして、法は現実を変えるだけの力をもっているのだろうか。

この疑問は人間社会のなかでしか成立しない。自然界においては弱肉強食の掟がすべてだ。そこには「現実」しかない。狼は羊よりも強い。よって、その事実に基づき、狼は羊を食べる。羊に抗議する権利はない。一方、狼の優位性もまたそれ以上の権利を保証するものではない。狼もまた自分の力以外に何ももたない。この意味において、ルソーは「最強者の権利」には意味がないと言ったのだ。

「だからすべての事実から離れることから始めよう」

ルソー『人間不平等起源論』（中山元訳、光文社古典新訳文庫）

形（形相）と素材（質料）

金槌を例に考えよう。「形」から入るなら、全体としては長細く、柄はそれなりに長く、金属製のヘッドはそれなりに厚みがある。「素材」から見れば、木と金属からできている。

芸術作品ならどうだろう。アポロンを題材とした彫刻作品。形から言えば見事に均整がとれている。素材から言えば、ブロンズ製である。

形は「外見・容器（コンテナン）」を表し、素材は「中身・成分（コンテニュ）」を表す。道具も芸術品も素材に形を与えたものであることに違いはない。道具の場合は、実用性を目的としている。芸術作品の場合は、美が目的である。

形と素材というこの考え方を、技術や芸術以外の分野にもあてはめてみよう。

カントは、科学における知的アプローチを、知覚が集めたデータを悟性が分析する過程に重ねた。データは「素材」である。悟性がこれに形を与える。言い換えれば、素材を形にすることこそが人間の知性の表現なのだ。

真理についても同じように考えることができる。理論上の真理は「形式的な真実」であり、内容に関係なく、議論の余地のない形だけを示している。「形式的な真実」はしばしば、名前と中身が一致している「実質的な真実」と対比される。例えば、「いい天気」は、言葉と目に見える空模様が一致している「実質的な真実」である。

今度は表現を吟味してみよう。例えば、「希少なものは高価だ」「血統書付きの犬が安く売られることは稀だ」、だから「血統書付きの安売りの犬は高い」。理論だけで得た形式的真実には危険が存在することがわかっただろう。

「血統書付きの安売りの犬は高い」という文は、中身のない、現実とは結びつかないものになってしまっている。言葉のうえ、理論上にしか存在しないものだ。つまり、理論上の真理はまったく抽象的なものであり、真実ではない。これが三段論法というものだ。

属、種、個人

個人の個とは、これ以上分けられないという意味である。人を分解すれば死んでしまう。ある意味では「核」ともいえるのが「個」である。この本を読んでいるあなたは個である。あなたをふたりの人物に切り分けることはできない。

ふたりの「個」が同じ種に属しているかを確かめるために、生物学はひとつの条件を提示する。ふたりの間に「生育力のある子ども」が生まれる可能性があるなら、ふたりは同じ種に属している。

この本を閉じたあと、あなたは素敵な人に出会う。すぐにその人と暮らし始め、子どもが生まれる。それはあなたとその人が同じ種に属している証拠だ。人とサルは近いとされるが、同じ種ではないため、人とサルの間に子供が生まれることはない。ヴェルコールの挑戦的な作品『人獣裁判』(小林正訳、白水社)は、森の奥で見つかった「トロピ」という不思議な生物が人間か、サルなのかを確かめようとする話だ。ある学者が理論上の仮説として、女性研究者に究極の方法でそれを確かめさせようとする。「トロピ」と性交してみれば、真実がわかるというのだ。

一方、仏語のジャンル（genre）には属、類など複数の意味がある。まずは生物学上、近いものをグループ化する「属」（例、ヒト属）である。現在、ヒト属に分類されているのは、ホモ・サピエンスだけである。だが、「人類」というと、生物学的な「ヒト属」よりも、人間という同じコミュニティに属しているという意味合いが強くなる。同じ人間という種に属している、子孫をつくれるといっただけではない何かがある。

さて、何かとは何だろう。そこが問題である。なかなか答えるのが難しい。人類という同じグループに属することで、他の人間への義務、何らかの道徳的な態度が要求されるような気がするのだ。

理想と現実

ある女性が女性誌を読んでいる。記事のタイトルは「理想の男性なんて存在するの？」。そして彼女の横には、いびきをかいて眠る現実の男性がいる。彼女の夫だ。もう少し気を遣ってくれてもいいのに、と思う。

現実は私たちが実際に直面するものである。一方、理想は完璧な規格であり、それを基準にして考えると現実は理想からかけ離れていることを思い知らされる。

女性は明日の朝のために目覚まし時計をセットし、明かりを消す。だが、すぐには眠れない。彼女にとっての理想の男性は「いびきがうるさくない男性」かもしれない。でも、夫には「理想の男性」にはないものがある。夫はその手で触れることができる。理想の男性には夢や想像のなかでしか触れることができない。夫は変わるかもしれない。もっと素敵な人になれるかもしれない。だが、理想は常に完璧であり、変わらない。女性は微笑みを浮かべ、眠りに落ちた。

「理想の男性」など何の役にも立たない。彼女の目から見れば、それは評価の基準であり、対象である。彼の側から見れば、それはより良い存在になるための指標であり、努力目標でもある。

カントの言う「理念の統制的使用」を思い出そう。理念を理想と言い換えてもいい。現実主義者は、しばしばこの「理想の現実に対する統制的使用」を忘れてしまうのだ。

「破れポッケに拳固《げんこ》を突っ込み、ぼくは出かけた。
半コートも見事なくらいに擦り切れていた。
空の下を行くぼくは、〈詩神《ミューズ》〉よ！　お前の従僕だった。
いやはや！　華麗な恋をいくつ夢見たことか！」
ランボー「わが放浪」（中地義和編『対訳ランボー詩集』岩波文庫）

「ときおり人はものごとを、あるがままにながめて思う。
どうしてこうなのかしら。それが現実。
ときおり人はものごとを、こうあってほしいとながめて思う。
どうしてそうならないのかしら。それは理想」
ヴァネッサ・パラディ「そこにあるもの」（ガエタン・ルーセル作詞）

同一、平等、差異

私たちはそれぞれに違う。体格、出自、性別、外見。だが、民主主義においては、どんな違いがあろうが、政治的には平等である。私たちは同じ権利をもつ（投票、社会保険、義務教育）。キリスト教においても、人々は違いを超え、神のもとでは平等ということになっている。人はすべて神の子であり、神の審判を待つ。この違いを超えた平等があるからこそ、人々は天国に行くために人生を捧げるのだろう。神の国では貧富の差もなく、体格の大小も外見の美醜も関係ない。私たちは平等であり、それぞれが異なる。法律上の平等があり、現実には差異がある。

現在、人はその違いを強く主張することが増えている。ゲイプライドでは同性愛者が異性愛者との違いを訴える。退職金の特別手当の受給者も違いを主張する。この「違いを求める権利」は、どうやら、私たちは皆、平等に「違い」を表明する権利をもつということらしい。

だが、見てわかるように、平等とアイデンティティの同一化は別問題だ。法の下での平等があっても、私たちは実際のところ、すべてが同じではない。私たちは平等かもしれないが、同一ではない。

アレクシ・ド・トクヴィルは『アメリカにおけるデモクラシーについて』のなかで、まさにこの民主主義において平等と同一が混同されがちであることを指摘している。人は、隣人（もしかすると自分よりもお金持ちだったり、富裕層に属する人だったりするかもしれない）と同じ車、同じ規模の家、同じ水準の給与を求める。そのくせ、隣人と同じように投票権をもっているというのに、きちんと行使しなかったりするのだ。

政治における平等は、隣人と経済格差や社会的な違いがあっても成立するということは理解されていない。ここが平等主義の危険なところである。トクヴィルは、私たちはそれぞれ違っているからこそ個人なのであり、他人と同じになりたがる民主主義の弊害にあらがわねばならないと注意喚起している。

だが、他人と同じになんてなれないのだ。そもそも、他人と同じになる前に、まず自分自身は常に同じだろうか。肉体的なアイデンティティという概念は、私たちの生活がどんなに変化に満ちたものであっても、奥に何か固有のもの、不変のものがあるということを前提としている。だが、それすらも確実ではない。

ヒューム、ニーチェ、サルトルはアイデンティティという概念を否定する三大哲学者だ。彼らによると、個人のアイデンティティなんてものはまやかしにすぎない。

「おそらく多数の主観を想定しても同じくさしつかえあるまい。それら諸主観の協調や闘争が私たちの思考や総じて私たちの意識の根底にあるのかもしれない」

ニーチェ『権力への意志』（原佑訳『ニーチェ全集13』ちくま学芸文庫）

直観的と論証的

理論や立証、大学における哲学の講義は論証的である。つまり、順序を追い、その論説を構成する、もしくは構成するだろう段階ごとに進んでいく。ギリシャ語のロゴスは「理」であり、「論」でもある。論証的な合理性のことだ。

だが、直観によって、段階を追うことなく、一瞬で物事を把握することもある。とつぜん理解するのだ。デカルトは『精神指導の規則』の第三規則で、直観を「精神のまなざし（で見ること）」と呼んでいる。一方、論証的な理論は「精神による分析」ということになるだろう。

ただし、直観にも二種類ある。ひとつめは、論証的な理論の起点となりうるもの。例えば、神が存在していると直感し、その存在を論証しようとする場合だ。もうひとつは、論証的な分析をある程度の時間重ねたうえで訪れる到達点、ごほうびのように与えられるひらめきだ。アルキメデスが「ユウレカ（ギリシャ語で「見つけた！」）」と叫んだのは、ある日、とつぜん正解が降ってわいたからではない。論証の起点ではなく、熟考の末にたどりついた終点に、答えが待っていたのだ。

合法性と正当性

アイルランド人女性が性的暴行を受け、妊娠し、中絶を望んだ。アイルランドでは中絶は違法である〔訳注：本書刊行時は違法であったが、二〇一八年に合法化された〕。だが、彼女は自分の中絶には「正当性」があるとし、違法であることを承知で中絶におよんだ。合法性とは単に法律に照らして合法かどうかという問題であるが、正当性は主観的な良心に左右される。

第二次世界大戦下、フランスのレジスタンス活動家にとってヴィシー政権の法律は「合法」であったが、「正当」なものではなかった。だから、彼らもまた「正当性」の名のもとに、違法な反政府活動に身を投じた。そして、ヴィシー政府を倒したため、彼らの行為は「犯罪」ではなくなった。

同様に、「三四三人のマニフェスト」は堕胎という違法行為を行った女性たちが、中絶に関する法律を変えるために立ち上がったものである〔訳注：一九七一年、堕胎罪の廃止、中絶の権利を訴える書面が、著名人を含む三四三人の署名とともに雑誌に掲載され、世論を動かした〕。

つまり、「違法行為」でも、「正当性」がある場合は、法律自体を変える契機となる。正当性は、そもそも法案作成時の原点でもある。実定法（法律）の起草者は常にその正当性、公正性、道徳性を考慮してきたはずである。

合法性（実定法）は客観的（「何人も法律を知らないとはみなされない」）かつ、相対的（堕胎はフランスでは合法だが、アイルランドでは違法）であるが、正当性はそのどちらでもない。正当性は主観的であり（各人の判断による）、客観的ではない。また、合法性は相対的（とはいえ、フランスにおける人権宣言とそれに伴う憲法典は例外として顕著なものだろう）だが、正当性は普遍性を目指す。

ヴィシー政権の反ユダヤ法に従わないことが「正当」だと判断したレジスタンスの活動家たちは、すべての人にとってそれが「正当」であり、「正当」であるべきだと信じていた。つまり、彼らの主張する「正当性」は主観的でありつつ、普遍性を目指していたのだ。

直接（媒介なし）と間接（媒介あり）

誰かがあなたを侮辱し、あなたはそいつをぶん殴る。これが直接的な反応だ。その行為は直前の出来事に触発されている。瞬時の判断は、的確な直観として良い結果を生むときもあれば、見誤ったり、短絡的だったりと悪い結果を招くときもある。

哲学において直接性とは、自分たちの存在を、距離をおいた批判や熟考を「介さない」瞬発的な世界におくことである。

思考を「介して」眺める世界は間接的なものとなる。私たちは思考を介して、例えば概念を介することで、世界に「触れる」のだ。聴診器による診察は、聴診器という「媒介（メディア）」を経るため「間接的」なものだ。道具を使わない触診による診察は「直接的」である。

教師もまた学生に好印象（直接的判断）をもっても、宿題の出来や、口頭試問の内容によって（間接的判断）評価を下げる可能性がある。

客観と主観

高校生が両親に学校を辞めると宣言する。画家になりたいというのだ。彼は心の奥底で自分には画才があると信じている。確かに才能はあるのかもしれない。だが、才能、美といったものはどれも主観的なものにすぎないと父親が反論する。青年は、客観的な方法で自身の才能を示さなければならない。

父は一度も彼の作品を見たことがなかったので、彼は作品を仕上げ、具体的な物証として、それを父に見せることにした。父はしばらく作品を眺め、当惑した顔をしていたが、やがてそれだけでは足りないと言い出した。確かに目の前に作品は存在するし、美しいとは思うが、自分は絵の専門家ではないし、この絵を見たのは自分たちふたりだけであるから、ふたりとも見誤っている可能性だってある。

そこで息子は画廊を探すことにした。数か月後、個展の初日、画廊はメディア関係者であふれかえった。その多くは、画家の独創性と才能を高く評価した。父は息子に歩み寄り、その才能を誇りに思うと言いながらも、将来のリスクを考えると、高校を辞めることには賛成できないと告げた。

数週間後、息子は父に個展を取り上げてくれた一連の記事を見せた。画廊主が集めてくれたものだ。出版や公的機関に顔が利く、有名な批評家たちが新たな才能を絶賛していた。こうした記事を前に父は、息子の才能が客観的に評価されたことを実感した。

確かにこの場合、科学的な客観性（厳密な実験や統計データによって論証された客観性）とは異なるが、いわゆる客観性、例えば、メルロ＝ポンティのいう「交錯する主観の多数が一致を見出すところ」から評価を得たと言えるだろう。とにかく、父親が納得するだけの客観性には成りえる。こうして父は学校を辞めて画業に専念することに同意したが、息子のほうで気が変わった。彼はもう画家になりたいとは思わず、今度は弁護士を目指すと言いだしたのだ。

義務と強制

税金を払うのは義務か、強制か。もし、私が国の再分配システムを真に正しいものと考え、自らの収入に応じてそこに参加するのを誇りに思い、自分で自分に払うことを課しているならば、それは「義務」である。

だが、私が、フランスの税制において天引きされる所得税はとんでもなく高く、困窮する国庫を自分の収入によって補塡することを不満に思っているのなら、（たとえ「法的義務」という名のもとの納税であっても）納税は「強制」になる。

強制とは外から無理強いされるものであり、義務は自分の内側から来るものである。もし私が反抗的で、反社会的な人間なら、法的な義務（収入を申告し、期限までに納税すること）でさえも、純粋に「強制」となる。私がごくあたりまえの市民であるならば、進んで法的義務を受け入れるだろう。確かに国は私に納税を要求するが、私はそれを自ら自分に課し、義務として受け止める。これこそが文字通りの法的な「義務」である。

もし、武装したホームレスに金をよこせと言われ、金を払えば、それは強制になる。その武器は私の「外」にあるからだ。その武器が私に、金を払わせたのだ。言葉のうえでは「仕方なく」ということになるだろうが。もし、その人をかわいそうに思い、人道的な配慮として、自らお金を渡した場合は、自分の判断による親切であり、自分が自分に課した義務を果たしたことになる。つまり、自分ひとりの判断なのだ。

起源と根拠

毎週日曜日のミサを欠かさないカソリック信者の一家。十代の長女はカテキズム〔訳注：宗教教育〕も受けていた。彼女は信仰を宣言している。だが、彼女の信仰の始まりは何だったのだろう。両親の習慣、教育、幼いころから学んだカテキズム。起源とはただの「起点」にすぎない。だが、信仰の要を尋ねられたら、ただの「きっかけ」や「環境」ではなく、もっと深い理由、次元の高い答えが求められる。「神の存在そのもの」であるとか、そんな答えが返ってくるはずだ。

つまり、信仰には「きっかけ」も「根拠」も両方あって当然である。だが、「なぜ」と問うて、単純な「きっかけ」の説明しか返ってこないとなれば、確たる根拠がないと疑われても無理はない。

ニーチェはまさに『道徳の系譜』において、これを明らかにしたのである。キリスト教信仰には「きっかけ」（起点は、ユダヤ・キリスト教信仰が権力の座についたことによる長い歴史の始まりである）こそあれ、「根拠」がないとニーチェは指摘した。神が存在しない以上、そこには根本的な理由も正当性もない。

きっかけの安易さを攻撃し、根拠の不在を指摘していくと、宗教の否定にゆきつく。実際、何の根拠もないのなら、確固たる存在理由もないことになり、なくなっても仕方がないということになる。これこそがニーチェの望んだ信仰の終焉、神の死だったのだ。

論破と納得

ジーンズを買おうと思い、午前中に店をまわった。お昼間際にようやくジーンズを買って帰り、自室の鏡の前で試着した。まったく似合っていない。ウエストはだぶだぶだし、足元はきつすぎる。

そういえば、と店員の顔が浮かぶ。店員は彼女の隣に立ってあれこれと喋り、スタイルをおだてるようなことまで言い、この体形ならこのデザインがよく似合うと強調した。客は店員の言葉に乗ってしまった。店員はあなたを「論破」した。とても似合うと思い込ませた。だが、それは事実ではなかった。

部屋に母親がやってきて、あなたが午前中さんざん歩きまわった末、とんでもないジーンズを買って帰ってきたことを見て取る。そして、あなたが本来すべき用件をすっぽかして買い物に出かけたこと、大事なことを後回しにしたのは無責任だと責める。母親はそれがどれほど重要で、緊急性のある用件だったかを指摘し、クローゼットを開いて、あなたがすでに十本ほどジーンズをもっており、着るものには困らないはずだという。

ついにあなたは「納得」した。あなたは自分がすべきことから逃げ、すぐに新しいジーンズを買いにいかなければならないと「思い込んで」いた。母の言葉に「納得」したのは、母が店員のように言葉巧みだったからではない。お世辞ではなく合理的、理論的に説得したからであり、母の言ったことが事実だったからだ。

店員と母の論法の違いは、プロタゴラスに代表される詭弁家〔訳注：紀元前五世紀頃、古代ギリシャで報酬を得て雄弁術を教えた教師たち〕と、ソクラテスやプラトンのような哲学者の違いでもある。詭弁家は話し上手で雄弁で、不誠実で、敵も含めて誰のことも弁護できる。哲学者は真理を求めて動く。納得させようとはするが、言いくるめたり、論破しようとはしない。相手をおだてるどころか、話の切り口として、あえて相手を不安にさせるようなことを言う場合もある。

類似と類比

雄牛にそっくりの男がいる。がっちりとした肩と太筆でざっくりと描いたような顔だちが雄牛を思わせるからだ。だからといって、彼の女性に対する態度と、雄牛が雌牛にとる態度の間に類比が成立するとは限らない。

類似はしばしば外見の範囲だけにとどまる。仏語の「似て見える」という意味の動詞ressembler ルサンブレのなかには、「見える」という動詞sembler サンブレが含まれている。だから紛らわしいのだ。

類比は思考を必要とし、深遠な行為を解き明かすことを目指す。類似はふたつの言葉だけで成立する。この男（1）は雄牛（2）に似ている。類比には四つが必要だ。この男（1）の女性（2）に対する態度は、雄牛（3）の雌牛（4）に対する態度を思わせる。人はサギやイタチにたとえられることもあるが、見た目はあてにならない。だが、人の態度と雄牛の態度の類比は、人間の行為の意味について真理を明かしてくれるかもしれないのである。

「さらに、「類比」での転用とは、第一項（A）に対する第二項（B）の関係が、第三項（C）に対する第四項（D）の関係と同様である場合を指す。（中略）あるいは、別の例を挙げると、人生（A）に対する老年（B）の関係は、一日（C）に対する夕べ（D）の関係と同様である」

アリストテレス『詩学』（三浦洋訳、光文社古典新訳文庫）

原理と結果

嘘についての議論でバンジャマン・コンスタンとイマニュエル・カントは真っ向から対立した。カントは実に厳格で、どんなときでも嘘をついてはならないとしており、極端な例を挙げている。友人が殺し屋に追われてあなたの家に逃げ込んできたとする。殺し屋が呼び鈴を鳴らし、友人がいるかどうかを尋ねた場合でも、嘘はつかず事実を述べるべきだというのだ。

人が嘘をつくと共同生活が成り立たなくなるからであり、嘘をついても友人を救える保証はないからだ。カントにとって嘘をつかないことは、行動を導く基準としての原理であり、決して反してはいけない重要性の高いルールなのだ。

だが、この原理を守ることで結果が生じる。例えば、殺し屋があなたの友人を見つけ、殺してしまうかもしれない。原理を守った場合（守らなかった場合）、自分の行為によって起こりうる結果を受け入れ、真摯に向き合うこと、それが責任を取るということだ。

マックス・ウェーバーは現実に与えうる影響を考慮し、自身の理想を修正したり、自身の原理と距離を置いたりすることができる政治家の能力を「責任倫理」と呼んだ。そして、おのれの原理を貫き、理想を現実に反映させようとする意志を「心情倫理」と呼んだ。もちろん、「責任倫理」と「心情倫理」は併せもつべきものである。だが、それは可能だろうか。

理論と実践

理論上、民主主義とは人民が権力をもつ、人民主権のことを言う。実践面でいうのなら、民主主義とは単に（選挙や野党による与党への批判などによって）平和的に権力闘争を行う仕組みにすぎない。

だが、こうして理論と実践を単純な二項対立で説明するのは間違いである。実際には、理論は実践へとつながるものなのだ。民主主義は人民主権だという理論を信じることで、私たちは人々の声を政治に活かすためのシステム（インターネットにおける意識調査や公開討論会など）を実現させることができる。反対に、民主主義は実際のところ、平和的な権力闘争にすぎないと考えるなら、それはすでに民主主義の本質を理論化していることになる（実際、レイモン・アロンの著作はその好例である）。

理論と実践の対立についてさらに突きつめるなら、実践に役立つ技術的な道具の多くが、実は理論を形にしたものであることも知っておくべきだろう。原子力発電所で使われている粒子加速器は、アインシュタインの相対性理論をほぼそのまま応用したものである。

「判断力が欠けているために生活においてまったく実践的になることのできないような理論家というものもいるかもしれない。たとえば、学業はきちんと修めはしたものの、実際に助言を与えねばならないときにどうしてよいかわからないような医者や法律家がそうである」
カント「理論と実践、理論では正しいかもしれないが実践の役には立たない、という通説について」(北尾宏之訳『カント全集14』岩波書店所収)

超越的と内在的

もしあなたがキリスト教信者で、世界や人間を超えたところにいる神、人の行為も知識も及ばぬ存在として神を信じているなら、それは超越的な神である。

一方、あなたが汎神論者で、神は自然の中、われわれが目にするもののなかにいると信じているなら、それは内在的な神である。

ある人が他人を殺し、人の法の裁きを逃れることに成功したとしよう。もしあなたが神の裁きを信じており、人間界の外に殺人者を罰する「神」があると思うのなら、それは超越的な裁きである。

もし、あなたが正義は事の次第であり、いつかは裁きが下る(例えば、殺人者がその後も長らく苦しみと後悔を抱えて生き、最後には罪悪感と孤独の中で死ぬなど)と信じるなら、それは内在的な裁きである。

普遍、全般、個人、個別

レイモン・デュランという人がいる。彼は十八世紀フランスに生き、指物師として働いた。これは特定の人物である。つまり、その人に付属する特有のものがある。彼は家具に細工を施し、それを他人、特定の顧客に見せていた。この客もまた特定の個人である。個人間の不動産売買を仲介する雑誌に「デュ・パルティキュリエ・ア・パルティキュリエ（個人から個人へ）」というものがあるが、これもまた、特定の個人が自身の専有物（マンションや一戸建て）をやりとりするものだ。

一方、レイモン・デュランは「特別」な人だといえば、意味は違ってくる。日常会話なら、彼は変わった人、風変わりな人だという意味になるし、哲学用語としては、個別性を持つ人だということになる。つまり確かに特殊な人物であるが、その特殊性には何らかの価値があり、何か固有のもの、独特なものがあるという意味だ。個別性とは、他と異なる特徴をもつことだとも言い換えられる。

レイモン・デュランであり、アルベール・プーランではないということは、彼が特定の人物であることを示すが、それだけで彼に個別性があるとは言えない。反対に、自分の名が嫌いで、誰よりも木工の才に優れていたという事実のほうが、彼の「個別性」を示している。

さて、彼は木工職人の組合に属していた。彼はそこで木工職人全般の利益のために戦った。こうして彼は個人でありながら、すべての木工職人のため、ひいては全体の利益のために働くこともできると学んだ。彼はフランスの国益に特別な関心があったわけではないが、同業者組合の活動を通して、全体の利益というものがあることを知った。

やがて、改革を求める思想が広がり、フランス革命が起こった。革命家は、早々に職人組合を廃止させた。レイモン・デュランはそれを残念に思ったが、さして深刻に受け止めることはなかった。彼にはもっと重要なことがあったからだ。彼は木工職人から革命家になっていた。彼は今や、自由といった普遍的な価値があることを知った。一般的な価値、家具職人だけの利益、フランス人だけの利益を超えるものがある。世界中で尊重されるべき普遍的な価値というものだ。

バカロレア試験対策　実践編

難しい本の読み方

哲学の名著は読みにくいものが少なくない。だが、難しいと感じる理由はしばしば、「まったく理解できない」と「すべてを理解できるわけではない」を混同していることにある。むしろ、すべてを理解できないものこそが「面白い」のである。

わからないからこそ、理解したいという欲求が生まれてくる。この欲求は、いわゆる自然な欲求とは異なり（性欲や攻撃的な本能に比べると不自然な欲求といえる）、いくつかの条件があって誕生するものだ。条件のひとつに、一度読んだだけではわかりにくい、いや、わからないテクストとの出会いがある。

私からのアドバイスは単純だ。難しすぎると思っても読み続ける。わからなくても読み続ける。すべてを理解することは無理なのだとあきらめ、ほとんど理解できなくてもそれを受け入れる。それが本当の意味での哲学的な経験であり、また同時に哲学的な考察を実践する第一歩となる。著者の文章、文体に身をまかせ、わからない部分に出くわしてもすぐに腹を立てない。わずか三行でも理解できればそれを喜べばいい。

サルトルの著書『存在と無』はまさにそんな入門にもってこいの書物だ。サルトルは、先鋭的で巧妙な文章と、日常生活に基づく明快な具体例をちりばめた、とてもわかりやすい文章を取り混ぜてこの本を書いている。具体例の部分を読んでから、さきほどまでわからなかった部分を読み返すと、話が見えてくる。

いずれにしろ、哲学者の考えを「理解」するよりもいい方法がある。それは、声を聞くこと、著者が伝えようとした何かの一部だけでも聞こうとすることだ。著者が一生かけて考え抜いたかもしれないことを、一度ですべて理解しようなんて大それたことは思わないほうがいい。

『存在と無』を読み、読みやすいところだけ理解したとしても、あなたはもうサルトルに出会ったのだ。人間とは何か、物事とどうかかわるかなど、彼の世界観のすべてがそこにはすでに含まれている。海に飛び込むように、古典的な哲学書に飛び込んでみるといい。海水浴の楽しみを知るのに、すべての水を理解する必要なんてないではないか。

すべてを理解できなくてもその状態を楽しめばいい。いつかすべてを理解できる日が来るとしたら、それはあなたが賢人になったときだろう。だが、それまで待っていたら、哲学を学ぶ時間はもう残っていないかもしれない。

問題提起のヒント

ディオゲネスやソクラテスの時代から、哲学は考えることであると同時に、生き方でもあった。思考に労力を割ける生活こそが、哲学なのかもしれない。

さあ、試験問題が配られた。これから四時間で答案を書かなければならない。三つの課題〔訳注：バカロレアの哲学試験では通常三つの課題が示され、受験生はそのなかのひとつを選択して答案を作成する。解説参照〕が印刷された問題用紙、提出用の白紙と下書き用の紙を目の前に、さあ、どうしよう。

まずは課題を受け入れる。課題に良し悪しはない。それといかに向き合うかが問題だ。課題文を素直に読み、第一印象にふりまわされない。良い答案は、多くの場合、すぐに思いついたものではなく、言葉を綿密に分析し、テーマを様々な方向から吟味したうえで生まれるものだ。論述のコツは、課題の文言や構成の意外性や、内包された緊張感（これは分析を経てようやく表れる）に気づくことだ。

どの課題を選ぶか迷うのは五分以内にしておこう。それぞれの課題について頭に浮かんだことをメモしておく。深く分析することで頭がいっぱいになってしまうと、最初の印象は忘れられがちだからだ。逆に、分析の段階に入ると、最初の思いつきがむしろ新鮮な発想として役に立ったり、新たな視点を補足してくれたりするものだ。

覚えておいてほしい。良い課題など存在しないし、スピノザの言葉を借りるなら「私はそれが良いものだから欲しくなったのではなく、自分が欲しくなったら、それは良いものなのだ」ということになる。どの課題が良いのかではなく、それを選んだ以上、それが最良のものとなる。

さて、目的に向かって、本気の作業が始まる。まず問題提起、課題に内在する問題点に気づくことだ。この時点でひとつの問題点に絞り込む必要はないが、まずひとつ違和感をもった点を指摘してみる。「本題に入る」という言葉があるが、この言葉をそのままたとえ話に使ってみよう。このアドバイスを文字通り実行してほしい。

下書きの紙幅いっぱいに大きな文字で課題を書き取る。想像してほしい。あなたは小人になって、そのなかに「入って」いくのだ。小人の手が緑の線で関連する言葉を結んでいく。対立する概念には赤線を引いておく。小人の足が言葉を蹴り、ぶつかりあったときにどんな効果が生まれるかを見る。

例えば、課題が「すべての文化を尊重すべきか」だったとしよう。自分とは違うもの、自分から遠いものを尊重することこそが本当の意味での尊重だ。文化によって、習わしや価値観などに様々な違いがある。小人がまず「文化」と「尊重」を緑の線でつなぐ。だが、本当の意味で違いを尊重しあうには、時間がかかるし、実質的な衝突もあり、ことはゆっくりとしか進まず、しばしば痛みを伴なう。それなのに、「すべて」を尊重するなんて、どうすればいいのだろう。

小人が「尊重」と「すべて」の間に赤線を引く。赤いラインは注意を引き、稲妻のように「尊重」と「すべて」の間の不和を図式化する。他人を尊重しようというのはわかる。だが、「すべての人」を尊重することは必要だろうか。そこに意外性、さらには疑念が浮かび上がる。その驚きや疑う気持ちを言葉にしよう。

導入部分のつかみはこれにしよう。「尊重」は「寛容」とは違う。「尊重」ならば異文化に歩み寄ることだが、「寛容」ならば、ただその存在を我慢すること、目をつぶることを意味する。

「尊重」と「すべて」の間にもう一度赤い緊張が入る。すべてを寛容することはできても、尊重することはできないのではないだろうか。文化を単純化して考えると、つまりは、ひとつのグループが共有する一連の習慣や価値観ということになる。例えば、ナチズムはひとつの「文化」であったが、尊重すべきものではなく、常に闘っていかなければならないものである。ここで、小人が再び「尊重」と「文化」の間に赤い線を引く。

こんなふうに文章のなかのキーワードを分析していく。ひとつひとつの言葉の定義を探すのではなく、他の言葉と結びつくことでどのような意味をもつのかをみていくのだ。「すべき」という表現は道徳観と結びついているので、「尊重」と同じ性質をもつ。ここも緑の線で結ぶ。だが、「すべき」だと決めるのは誰なのか。誰から「すべき」だと命じられているのか。誰かを尊敬、尊重するのは自分の意志ではないのか。もし、それが命令であったならば、もはやそれは私の意志が尊重されていないことになるのではないか。社会や宗教が各人に課す「すべき」と自分の意志を「尊重する」ことの間にも対立を示す赤線が入る。

さあ、これで本題に「入った」。今度は、「出る」ことを考えなくては。だいぶ熱くなってきたぞ。外に出る方法にはひとつしかない。小人になったつもりで、真ん中に立ち、左右同時に大きく手を広げて押すのだ。

こうして、練りあげた考えを両極端なふたつの対立項に振り分ける。例えばこんなふうに。①イエス。すべての文化を尊重しようとすること、違いを受け入れることは必要だ。②ノー。尊重すべき文化と否定すべき文化を区別することが必要だ。このふたつの対立項をつくることが「問題提起」となる。小人はいちばん難しい部分を成し遂げた。これで問題が立ち上がり、賛成・反対の対立が生まれたので、もう大丈夫。小人はあと少しで結論にたどりつき、一人前の哲学者になれるだろう。

テクストの分析と論考を求める出題についても同じように考えよう〔訳注：哲学の課題の三問のうち一問は、提示されたテクストを分析し、これについて論じる形式のものが出題される。解説参照）。ただ、このタイプの問題では、提示された作家、哲学者の文章に対して反証を立てなければならない。ここでも小人は文章の中に入り込み、様々な言葉や文章について結びつきを示し、対立を拾い出す。とにかく、頭で考えるよりも、課題文の中で考えるのだ。

例えば、サルトルのテクストにおける「投企（プロジェ）」の意味を問われたら、答えを探すべき場所は、あくまでも目の前のテクストであり、それ以外の場所ではない。もちろん、さきほどと同様、いったん中に入ったあとは、課題文を出ることになる。解説パートから出て、批判パートに入るのだ。解説と批判のあいだに議論があればあるほど、答案の質は高まる。小人はできる限りドラマティックな演出を用意し、課題文の主張を深く掘り下げたのち、反論を提示するのだ。

アイデアを呼ぶコツ

主題を展開し、議論に変化をつけるには、複数の分野に話を広げる必要がある。それぞれの分野ごとに同じことを問いかける。政治、宗教、経済、社会、形而上学、スポーツや医学ではどうだろう。こうしてあらゆる分野にあてはめて考えてみる。

例えば「技術の発展を恐れるべきか」という問いがあるとする。政治分野ならば、すぐに浮かぶのは政治家という専門家の存在だ。政治を特定の専門家に任せてしまうことは民主主義に反する。宗教の分野なら、ギリシャ神話の神たちが、技術の象徴、火を盗んだプロメテウスを罰したことを思い出す。一部の宗教運動家が中絶の技術を否定していることも技術への恐れだ。スポーツの分野ならドーピングによる不正行為、医学の分野では移植技術が多くの人の命を救ってきた。こうして視点や論点を増やしていくことで、あなたの思考はごく自然に豊かさを増していく。

次は、常識から離れてみる。常識的な考え、さらに言えば使い古されたパターンに陥るのはよくある間違いだ。通説を疑い、違和感をはっきりと表明してみよう。質問に対して、最も平凡な答えを予想したうえで、その常識が果たしてどこまで通じるものなのか、検証してみる。

最後に、課題文の文言を使い、概念の微妙な違いを掘り下げる。見かけよりも簡単なことだ。どっちにしても、試してみる価値はある。例えば、「技術を恐れるべきか」という問いに対しては、まず、この「べき」に注目する。道徳観による「義務の〈べき〉」（例えば、技術が人を道具として捉え、他者への尊重を失わせる場合、技術は恐れるべきものとなる）と「当然必要だという意味の〈べき〉」（この場合、技術の革新を手放しで受け入れることを避け、慎重を期すためには、技術を疑うことが必要だということになる）を区別するのだ。

ベストな体調で試験に挑むコツ。使い古された非常識なやり方には頼らないほうがいい

「試験前にビールかワインを一杯やれば、いいアイデアが浮かぶ」

ノー！　普段から飲んでいない人が、試験前に慣れない酒を飲むなんてもってのほかだ。いいアイデアどころか、眠気や吐き気、低血糖になる可能性のほうが高い。普段から飲む習慣があるのなら〔訳注：フランスには飲酒の年齢制限がない〕、祝杯か、できの悪さを忘れるためかは知らないが、試験が終わったあとの一杯のほうが美味いことがわかっているはずだ。アイデアを見つけるためには、酒よりも、自身の個人的なエピソードに結びつけて考えるほうが得策である。

「四時間の試験に耐えるためにカフェイン剤を飲む」

ノー！　カフェイン剤は罠だ。悲劇を生む可能性もある。一気に摂取すると、すぐに目がさえるが、効きすぎるうえに、あっという間に効果が切れる。過剰効果で二十分後には脈が速くなり、冷や汗が出る。しかも効果は短時間であとが続かない。いや、心臓がばくばくする不快感だけが残る。要するに一錠だけを水に溶かし、四時間かけて一口ずつ飲むならいい。だが、四時間を有効に使うなら、視野を広げ、議論を尽くすことに集中するほうがいい。

「前の晩に精神安定剤を飲めば、リラックスして眠れる」

危ないから気をつけて。初めての服用なら、たとえ四分の一錠でも、翌朝目覚めたときに、これまでになく朦朧《もうろう》とした状態に陥ってしまうかもしれない。リラックスしたいなら、哲学とは関係のない本を読むとか、ジャスティン・ティンバーレイクを聞くとか、セックス中のサルトルでも想像してみて。

「エナジードリンクを飲めば問題提起のアイデアが出る」

ノー！　試験の後、夏休みにスペインで遊びまくるとか、睡眠不足を吹き飛ばすとか、ウォッカとカクテルにしてすべての問題を忘れようとするとか、そんな時なら、エナジードリンクは役に立つ。だが、問題提起のための引っ掛かりを探すことが必要だ。なぜこの疑問に答えることが難しいのか。哲学が試験科目にあることをなぜ幸運に思わねばならないのか。

おわりに

哲学は私たちを何から救ってくれるのか。

哲学は私たちを幸せにしてくれるのか。心の痛みを慰め、実存の苦しみを取り除いてくれるのか。神が人を悪から解放するように、哲学は不幸せから人を救うものなのか。

この問いにイエスと答える人がいるからこそ、現在、哲学の人気が高まっているのだろう。ミシェル・オンフレ、リュック・フェリー、ルー・マリノフ、アレクサンドル・ジョリアンといった哲学者の本が書店で成功をおさめているが、その多くは、哲学に実用性や治療的な役割があることを前面に出し、読者の支持を得ている。哲学は今やカウンセリング室となり、苦しむ人間に対して症状に応じてアリストテレスやエピクテトスの言葉や、ヘーゲルやサルトルの思想を処方箋として提供している。

確かに哲学は、必ずしも純粋な思索だけではない。エピクロス派（エピキュリアン）である、ストア派（ストイック）であるということは、考え方だけではなく、エピクロス派、もしくはストア派として「生きる」ことである。哲学とは「生き方」だったのである〔原注：ピエール・アド『生き方としての哲学』（小黒和子訳、叢書ウニベルシタス1138、法政大学出版局）〕。そもそも、苦しみに抗う闘い〔原注：苦しみから解放された状態、アタラクシアの追求が哲学の目的である〕はエピクロス派にもストア派にも共通の地平であり、知識を実存として示すことが求められていた。

哲学者はしばしば自分との向き合い方や、世界の捉え方、要するに「どうすればもっと良く生きられるか」を示してきた。死の恐怖を逃れ（エピクロス）、自己欺瞞によってブレーキをかけることなく（サルトル）、良い人生に到達（アリストテレス）する術を説いてきたのだ。そういう意味では、確かに哲学は「薬」だった。

だが、念のため付け加えておかねばならないことがある。この「薬」は、精神的に健康な人にしか効果がない。要するに、哲学は「ふつうの人」の苦しみ、つまりは医学的な心の病気（うつ病、神経症、精神疾患）に原因があるわけではなく、人間として生きていれば誰もが突き当たる困難だけを扱ってきた。

哲学が解決しようとしてきた「ふつうの人」の抱える苦しみは実に多彩だ。典型や常識に囚われすぎる苦しみ（バシュラール）、群集心理と生きる不安（ニーチェ）、失敗への不安（ドゥルーズ）、狂信への不安（ヴォルテール）、感傷主義《センチメンタリズム》（カント）、ストレスや多忙（ルクレティウス）……。

だが、本当に生活に困難を抱え、つらい人生を生きている人に対し、哲学はたいしたことができない。哲学の強みは弱みでもある。哲学はその本質的な性格上、普遍的な事象が対象ではない場合、役に立たない。個別性を配慮しないかたちでしか「薬＝解決策」を処方することができないからだ。だが、その個別性にこそ、各人の抱える問題があり、それこそが治療のカギとなる部分なのである。

精神分析医は、各人の苦しみはそれぞれに個別のものであり、あなたの苦しみはあなただけの苦しみだと考えるが、哲学とは苦しんでいる者に対し、苦しんでいるのはあなただけではなく、それは生きる人すべてに普遍的な問題だと説く。

そしてまた、哲学とは必ずしも心を静めるものではなく、ときに不安をかきたてる。心を慰めるどころか動揺させることもあるのだ。「処方箋的哲学」への熱狂の裏には、もうひとつ、哲学とは世界や他人、自分自身との良好な関係をもつための知恵なのだという考え方が潜んでいる。だが、実際のところ、哲学はしばしば静謐な休息と同じぐらいに、静寂を打ち壊す蛮勇〔原注：Jean-Michel Besnier, *Réflexions sur la sagesse*, Pommier.（未邦訳）〕を求めてきた。だからこそ、哲学は習慣や偏見の快適さを打ち破る最良の薬でもあるのだ。

つまり、少なからず危険が伴う努力を積み重ね、哲学を学んだところで、本当の哲学は、薬どころか毒にもなりうるものであり、古典を読み、試験で複雑な問題に取り組むうちに、孤独や人間不信、思い上がりや教条主義、憂鬱や狂気に陥る可能性だってある。

毒にも薬にもなる哲学を、デリダは、プラトンの『パイドロス』についての評論で、「パルマコン」と呼んだ〔原注：ジャック・デリダ「プラトンのパルマケイアー」（藤本一勇・立花史・郷原佳以訳『散種』叢書ウニベルシタス989、法政大学出版局所収）〕。ソクラテスは「パルマコン」をドラッグにたとえていた。「パルマコン」は、パイドロスがもってきたテクストであり、彼はこれを外套の下に隠し持っていた。書かれたテクストは、対話を重視するソクラテスの思想とは対立するものであったが、ソクラテスの哲学に入り込み「治療」することになるものであった。

ここでは、哲学は、事の次第で毒にも薬にもなる「媚薬」だと考えられている。つまりは、使う人の心がまえ次第なのである。魅力あふれる「パルマコン」は、「道を逸脱させる」力、「常識や自然界の法則、習慣から外れさせる」力をもっている（そのテクストはソクラテスを魅了し、これまでなじんだ道から逸れ、共同体の外へと向かわせようとしたのだから)。そこには危険が待つ。

だが、当然のことながら、いつもの道を外れるという実存的な「賭け」がある。デリダは「脱出(エクソード)」まで話を広げているが、では、どこに行くというのか、どんなリスクがあるのか、どんな状態で戻ってくるというのだろう。

もし、哲学が毒にも薬にもならないものだったら、そこに魅力はないだろう。魅力とは、ラテン語のfascinumを語源とし、魅了することであり、呪いをかけることでもある。これまでと違う考え方と出会う魅力と、これまでとは違う常軌を逸した状態に陥る魔力とでも言おうか。要するに、何事もバランスが大事であり、上手に使いこなし、中庸を守ることだ。ただし、アリストテレスが言うように、中庸はまた両極のあいだの頂上でもある。

適量を心得れば、哲学は有効だ。例えば、エピクロスの知恵を少しだけ借りて、人生のちょっとした喜びを味わう。だが、エピキュリアンになりすぎると、行動から遠ざかり、人生をだめにする。

もちろん、薬として使うだけではなく、毒だって少量ならば、ワクチンとして活用できる。ショーペンハウアーのペシミズムは、度がすぎると絶望してしまうが、少量だけなら、幻想や甘ったるい期待から身を護る手段となる。要するに、中毒にならぬ程度に薬も毒も使いこなせるようになればいいのだ。

とはいっても、哲学の場合、医者が処方箋を書くわけでも、服用条件が明示されているわけでもない。哲学はまた自立を学ぶ学校でもある。各人が自分にとっての適量を見極めるしかない。自分を見直し、自分にとって必要なものを見つけるためには、それぞれが、自分にとっての適量を探り、無限に開かれた書物の集大成を起点に一歩を踏み出すしかないのだ。

ニーチェの言ったことを思い出すといいだろう〔原注：ニーチェ「生に対する歴史の功罪」(『反時代的考察第二篇』所収)〕。ニーチェは同時代のドイツの歴史学者たちが過去に執着するのを見て、空疎な知識は人を無気力にさせ、健康を奪うものだと指摘した。その一方、同じように見える知識が人生を硬化させるのではなく、生の充実につながる場合もあると付け加えている。毒だったもの(死んだ知識)が薬(行動と結びつき、人生を豊かにする知恵)になることもあるのだ。

結局、「使いこなせる」かどうかがカギになる。必要な知識の量、自分が「背負う」ことができる量、その服用の仕方を見定めるのだ。哲学の歴史とは、どこの書店でも合法的に入手できる思索の処方全集なのだろう。

訳者あとがき

ペパンの本を訳すのはこれが三冊目になる。以前訳したものを検索していたら、「フランスの高校生はこうしてリベート力をつけている！」との文言とともに同書を紹介してくれている投稿を見つけた。ありがたい。ありがたいが、間違っている。まず、リベートはたぶんディベートの打ち間違いだろう。そして、もうひとつ間違っていることがある。フランスの高校における「哲学」教育は討論（ディベート）に重きを置いていないのである。では、何を教えるかといえば、「考え方」と「書き方」である。試験は小論文形式で行われ、その書き方にも様式がある。

著者シャルル・ペパンは、長年教壇に立ち、学生たちに向き合ってきた。シャルル・ペパンは、一九七三年パリ郊外のサン・クルー生まれ。パリ政治学院、HEC（高等商業学校）を卒業、哲学の教授資格をもつ。映画館で哲学教室を開き、雑誌に連載をもつなどして、哲学にふれる機会を多くの人に提供してきた。学生向けの参考書だけではなく、エッセイや小説も書いており、テレビやラジオに加え、映画『誠意』（シャルル・ゲラン＝

シュルヴィル監督）にも哲学者の役で出演、最近ではＳＮＳやポッドキャストにも力を入れている。こう書いただけで、積極的にメディアと関わり、表現のアップデートに熱心な彼の姿勢がわかるだろう。

本書は二〇一〇年にフラマリオン社から刊行されたシャルル・ペパン著『これは哲学の教科書ではない（*Ceci n'est pas un manuel de philosophie*）』の一部を再編集した、Charles Pépin, *Comment réussir son bac philo*, Librio MEMO, 2011 の全訳である。Librio MEMOはフラマリオン社が刊行する学生向けのコレクションであり、数学や語学、歴史など様々なテーマのタイトルが三ユーロという低価格で網羅されている。本書も、原題を直訳すると『バカロレア哲学試験合格術』ということで、まさに受験参考書なのだ。昨年、翻訳が刊行された、同じ著者の『フランスの高校生が学んでいる10人の哲学者』もこのコレクションの一冊である。

それにしても、哲学の教師がわざわざ『これは哲学の教科書ではない』という題の本を出すのだから穏やかではない。マグリットの有名な絵画作品「これはパイプではない」、そして、その作品を論じたフーコーの『これはパイプではない』を意識しているのだろう。本書の「はじめに」にあるように、彼が目指すのは、あくまでも「教科書らしくない教科書」なのである。

ペパンのほかの著作についても紹介しておく。さきに挙げた『フランスの高校生が学んでいる10人の哲学者』のほか、現在以下の翻訳が刊行されている。

『考える人とおめでたい人はどちらが幸せか 世の中をより良く生きるための哲学入門』（永田千奈訳、CCCメディアハウス）

『賢者の惑星 世界の哲学者百科』（平野暁人訳、明石書店）

『幸せな自信の育て方 フランスの高校生が熱狂する「自分を好きになる」授業』（児島修訳、ダイヤモンド社）

いずれも読みやすく、話しかけるような文体が特徴的である。シャルル・ペパンという人は、哲学の門戸を大きく開き、皆が少しでも入りやすいように交通整理をしたり、門前で躊躇している人に声をかけたりしているのだ。そんなペパン氏の姿勢に倣い、本書では可能な限り日常語による翻訳を目指した。そのため、一部、いわゆる哲学用語とは異なる表現となったことをここにお断りしておく。

本書で取り上げられた命題に模範解答はあっても（ペパンは『バカロレア模範解答集』も同じコレクションから刊行している）、どちらかが正解というわけではない。文化は自然でもありうるし、反自然でもありうる。理論と経験はどちらも必要なものである。つまり、イエスかノーかの問題ではなく、対立して見える二つのあいだに折り合いをつけることのほうが大事なのだ。哲学とは論破やマウントのために学ぶものではないということに気づくきっかけとなれば、訳者としてもうれしい。

解説の執筆を快諾してくださった坂本尚志先生、前回に引き続き訳文をチェックしてくださった草思社編集部渡邉大介さん、ユニークな哲学教師と出会う最初のきっかけをつくってくださった片桐克博さんにこの場を借りて感謝申し上げます。

二〇二三年九月

永田千奈

解説「フランスの高校生はどのように哲学を学んでいるのか？」

坂本尚志

本書はフランスの高校生向けに書かれた哲学の参考書である。しかし、日本のわれわれにとっては、高校生が哲学を学ぶとはどういうことなのか、想像しにくいかもしれない。この解説では、フランスの哲学教育と、その目的であるバカロレアの哲学試験について簡潔に説明したい。それによって、本書の背景をよりよく理解することができるだろう。

必修科目「哲学」

哲学は、高校三年生で初めて学ぶ科目である。フランスの高校は普通科、技術科、職業科に分かれているが、そのうち普通科の全員と技術科のほぼ全員が哲学を必修科目として学ぶ。教育の内容は、国民教育省（日本の文部科学省に相当）によって定められている。ここでは、普通科の哲学教育の内容を説明しておこう。

ただし一点注意が必要である。二〇一九年九月の入学者から、高校教育のカリキュラムが大幅に改革された。哲学教育も例外ではなく、内容に大きな変化が見られた。二〇一一年刊行の本書は、二〇一九年以前の教育内容をもとにしており、現行カリキュラムとは少し異なっている。

とはいえ、そのことは本書の内容が古いということではない。実は改革によって哲学教育の内容がかなり削減されたため、旧カリキュラムに基づく本書は、より幅広い哲学のトピックを扱っている点で有益である。

哲学教育は何を目指しているのか？

哲学を学ぶ意義の一つは、生徒が初等教育から中等教育にかけてさまざまな科目で学んだ知識を統合して考えられるようになることである。哲学は言語、芸術、科学、歴史など、生徒がそれまでの教育で学んできたさまざまな知識を横断的に扱い、関係づけることができる。その意味で、哲学は中等教育の総仕上げの役割を持つ。

哲学教育が目指しているのは、「現実の複雑さを熟知し、現代世界に対する批判意識を働かせることのできる自律的精神を育てる」（国民教育省「高等学校普通科最終級における哲学カリキュラム」二〇〇三年）ことである。重要なのは、哲学史や哲学者たちの主張を網羅的に学ぶことではなく、哲学という知を媒介にして、批判的に思考し、明晰に表現する方法を習得することにある。哲学教育は、いわば市民を育てる教育である。

哲学教育の内容――「観念」と「手がかり」の重要性

旧カリキュラムでは、哲学教育の内容は「観念」、「著者」、「手がかり」という三つのカテゴリーによって規定されている（新カリキュラムではこれら三つの上に「視座」というレベルが加えられている）。普通科文科系が学ぶ「観念」のリストを見てみよう。五つの領域の中にそれぞれ三つから六つの観念が配置されている。本書の章立ては、この五つの領域の区分に対応している。各章は、それぞれの領域に登場する観念のコンパクトな紹介になっている。

領域	観念
主体	意識、知覚、無意識、他者、欲望、存在と時間
文化	言語、芸術、労働と技術、宗教、歴史
理性と現実	理論と経験、証明、解釈、生物、物質と精神、真理
政治	社会、正義と法、国家
道徳	自由、義務、幸福

「観念」のリスト

次は「手がかり」のリストである。こちらも、本書の「キーワード解説」がすべてを網羅している。このような対立概念や類似概念を駆使することによって、概念間の違いや類縁性をより精緻に理解し、議論を容易に組み立てることができるようになる。「手がかり」はカリキュラムではただ羅列されているだけで、一見しただけでは何が問題なのかがわかりにくい。ペパンは具体的な例や引用を豊富に用いつつ、それらに明快な説明を与えてくれている。

「著者」には六十人弱の哲学者の名前が挙げられているが、ここでは挙げない。そのすべてを学ぶ必要はないが、それらの著者の著作から一冊ないしは二冊を取り上げ、授業中あるいは授業外で読むことは必須の課題である（これらの著者のうち十人がペパン著『フランスの高校生が学んでいる10人の哲学者』で取り上げられている）。

高校三年生は、週三〜八時間哲学を学ぶ。時間数は文系理

絶対的／相対的、抽象的／具象的、現実態／可能態、分析／総合、原因／目的、偶然／必然／可能、信じる／知る、本質的／偶有的、説明する／理解する、事実上／権利上、形式（形相）的／物質（質料）的、類／種／個体、観念的／現実的、同一／平等／差異、直観的／論証的、合法な／正当な、間接的／直接的、客観的／主観的、義務／強制、起源／基礎、（論理的に）説得する／（感情的に）納得させる、類似／類比、原則／結果、理論上／実践上、超越的／内在的、普遍的／一般的／個別的／個体的

「手がかり」のリスト

系等のコースによって異なる（新カリキュラムではコース分けは廃止され、一律週四時間学ぶことになった）。それぞれの観念や手がかりを個別に学ぶのではなく、哲学的な問題や文章の中に、どのようにそれらが現れ、どのように関係しているのかを学ばなければならない。

哲学の学習成果は二つの形式の練習によって評価される。ディセルタシオン（小論文）とテクスト説明である。ディセルタシオンは短い問題文に答える論述問題である。テクスト説明では十五〜二十行程度の著作の抜粋が問題文に対し、著者がどのような哲学的問題を扱い、どのような答えを提示しているかを、自分の意見を交えずに論述しなければならない。両者はともに一年を通じて宿題や試験として繰り返し出題され、生徒はその書き方を身につけていく。この二つの問題形式は、バカロレア（中等教育修了資格兼大学入試資格）試験の哲学科目の形式でもある。哲学は知識を学ぶことだけ

ではなく、こうした形式の問いへの答え方、すなわち考え方と書き方を学ぶ訓練の場でもある。

バカロレア哲学試験——哲学教育のゴール

一年間哲学を学んだ高校三年生は、学年末である六月にバカロレアの哲学試験を受験する。二〇二三年の問題は以下の三問であった。

一．幸福は理性の問題か？
二．平和を望むこととは正義を望むことか？
三．レヴィ＝ストロース『野生の思考』（一九六二年）の一節を説明せよ。

最初の二問がディセルタシオン、最後の一問がテクスト説明で、この中から一問を選んで解答する。試験時間は四時間である。多くの受験参考書では、前半二時間は問題の分析や答案の構成を考える時間に充て、後半に答案作成と見直しを行うよう推奨されている。本書の「バカロレア試験対策　実践編」では、どのように問題に取りかかるべきかが臨場感をもって書かれている。

誤解されがちだが、バカロレアの哲学試験は哲学的才能や独創性を試す試験ではない。そこで問われているのは一年間の学習の成果である。哲学的な論点や問題についての知識だけではなく、ディセルタシオンあるいはテクスト説明という問題形式に合わせて、そうした知識を活用できる能力を持っているかが評価される。

ディセルタシオンにもテクスト説明にも、守るべき答え方がある。たとえばディセルタシオンでは、問題の中の用語や概念を定義した上で問題を分析するという手続きを踏まねばならない。その上で、導入、展開、結論という三つの部分から成る答案を作成する。展開部分が正反合という弁証法的な構成をとっていることも重要である。

テクスト説明も、問題文が扱っているテーマを見分け、それがどのような議論の段階を経て、どのような結論を導いているのか、そして議論においてどのような異なる立場に対して著者が反駁しているのか等の論点を、問題文の単なる言い換えにならないようにしつつ、明らかにしなければならない。

どちらの問題形式も、自分の意見や感想を自由に書くとまったく評価されない。その意味で、フランスの高校生が哲学するとは、こうした「型」を身に付ける訓練をすることでもある。ただし、彼らにとっても哲学は難解で、合格点に達する答案を書けるのは受験者の三割に満たない。当然だが、フランスの高校生が哲学を学ぶからといって、皆が哲学を得意としているわけではないのである（フランスの哲学教育については、拙著『バカロレアの哲学「思考の型」で自ら考え、書く』（日本実業出版社）でより詳細に紹介している）。

本書をどう読むか、どう使うか？

最後に本書の意義をまとめておこう。フランスの高校生にとっては、哲学もまた詰め込みの対象である。多くの概念や議論、あるいは哲学者の引用を記憶し、適切に使えることが学習の目標になるが、同時にそうした勉強法によって生徒は、個別の論点やテクニックに集中することになってしまう。

本書の各章の議論は、（必ずしもカリキュラムには含まれていない）哲学者や作家の著作からの引用を挟みつつ、各観念の間の関連性を大きな視点で示すことで、こうした罠を回避しようとしている。

さらに、「質問と回答」では、クローズドクエスチョンが多いバカロレア哲学試験の問題からは離れて、「なぜ」「どうやって」「どのような」といったオープンクエスチョンの形式に答えることで、哲学的に考える実践の実像を示そうとしている。その意味で本書は、バカロレア哲学試験の参考書でありながらも、それを超える自由な思考の実践へのいざないでもある。

哲学的に考えることに興味を持つ日本の読者にとっても、本書は非常に実践的な価値を持っている。バカロレアという現実的なゴールに立ち向かうための指南書であるだけにとどまらず、豊富な引用や具体例で彩られたその内容は、明快かつ有益である。「キーワード解説」は物事を見る多様な視点を提供してくれるはずである。興味を持った引用については、その著作を読んでもいいだろうし、著者が挙げた問題や、自分が関心のある問題を考えてみることもいいだろう。

哲学は、世界のさまざまな事物を異なる視点から見るための道具である。それはフランスの文化と歴史が育んだ道具ではあるが、本書のおかげで、われわれにとっても使い勝手のよい道具になるのではないだろうか。

（京都薬科大学薬学部准教授）

哲学者索引

聖アウグスティヌス　65
アラン　21-22
アリストテレス　24, 26, 33, 34-36, 50, 122, 125, 130-131, 153, 171, 172, 175
アルキメデス　59, 143
アロン、レイモン　155
聖アンセルムス　48, 50, 52
ヴァッティモ、ジャンニ　46
ウェーバー、マックス　132, 154
ヴェルコール　136
ヴォルテール　173
エピクテトス　171
エピクロス　71, 77-78, 127, 171-172, 175
カミュ、アルベール　96
カント、イマニュエル　36-39, 45, 47, 60-61, 75, 96, 98-104, 114, 120, 135, 138, 153-154, 155-156, 173
コジェーヴ、アレクサンドル　12-13
コンスタン、バンジャマン　153
サルトル、ジャン＝ポール　10, 15, 19-20, 21, 23, 70, 77-78, 106-107, 141, 160-161, 166, 169, 171, 172
ジャンケレヴィッチ、ウラディミール　53
シャンフォール　99
ショーペンハウアー、アルトゥール　87, 175
スピノザ、バールーフ・デ　4, 48, 75, 102, 105, 162
ソクラテス　26, 46, 54, 151, 161, 174
ディオゲネス　121, 161
ディドロ、ドゥニ　91
ディルタイ、ヴィルヘルム　133
デカルト、ルネ　11, 17, 21-22, 39, 46, 48, 52, 55, 60, 64, 75, 142
デュルケーム、エミール　101, 132
デリダ、ジャック　174
ドゥルーズ、ジル　16-17, 173
トゥルニエ、ミシェル　15, 17
トクヴィル、アレクシ・ド　81-82, 140-141
聖トマス・アクィナス　48
ニーチェ、フリードリヒ　55, 63, 66-67, 72, 75, 88, 107, 112, 141-142, 149-150, 172, 176
バシュラール、ガストン　58-59, 172
パスカル、ブレーズ　49, 60
パルメニデス　26-28
ヒューム、デイヴィッド　58, 141
フォイエルバッハ、ルートヴィヒ　119
フォントネル、ベルナール・ル・ボヴィエ・ド　45
プラディーヌ、モーリス　101
プラトン　4, 26, 38, 54, 58, 71-73, 92-94, 109, 151, 174
ブルジョワ、ベルナール　48
フロイト、ジークムント　13, 15, 31-32, 40, 62-63, 77-78, 107
プロタゴラス　151
ヘーゲル、ゲオルク・ヴィルヘルム・フリードリヒ　4, 12-13, 15, 18, 21, 28-29, 47-48, 52, 65-66, 75, 89-90, 171
ペギー、シャルル　114
ホッブズ、トマス　79-80, 84-85, 90-91, 118
ポパー、カール・ライムント　58
メストル、ジョゼフ・ド　121
メルロ＝ポンティ　10, 14-15, 56, 147
モンテーニュ、ミシェル・エケム・ド　109
モンテスキュー、シャルル＝ルイ・ド　121
ユイスマンス、ジョリス＝カルル　40-42
ユゴー、ヴィクトル　100
ライプニッツ、ゴットフリート　48
ラカン、ジャック　124
ラ・ボエシ、エティエンヌ・ド　118
ルクレティウス　173
ルソー、ジャン＝ジャック　80-81, 85-86, 90-91, 134
ワイルド、オスカー　40

著者略歴

シャルル・ペパン　Charles Pépin

1973年、パリ郊外のサン・クルー生まれ。パリ政治学院、HEC（高等商業学校）卒業。哲学の教鞭をとる一方、教科書、参考書のほか、エッセイや小説を多数執筆。映画館で哲学教室を開いたり、テレビやラジオ、映画に出演している。邦訳に『フランスの高校生が学んでいる10人の哲学者』『幸せな自信の育て方　フランスの高校生が熱狂する「自分を好きになる」授業』などがある。

訳者略歴

永田千奈　ながた ちな

東京都生まれ。早稲田大学第一文学部フランス文学専修卒業。主な訳書にルソー『孤独な散歩者の夢想』、ペパン『フランスの高校生が学んでいる10人の哲学者』『考える人とおめでたい人はどちらが幸せか　世の中をより良く生きるための哲学入門』がある。

フランスの高校生《こうこうせい》が学《まな》んでいる哲学《てつがく》の教科書《きょうかしょ》

2023年11月 6 日　第1刷発行
2024年 1 月24日　第3刷発行

著者	シャルル・ペパン
訳者	永田千奈
装画	かざまりさ
装幀者	小口翔平＋畑中茜＋青山風音（tobufune）
発行者	碇高明
発行所	株式会社草思社 〒160－0022 東京都新宿区新宿1－10－1 電話　営業03(4580)7676 　　　編集03(4580)7680
本文組版	株式会社アジュール
本文印刷	株式会社三陽社
付物印刷	株式会社平河工業社
製本所	加藤製本株式会社

造本には十分注意しておりますが、万一、乱丁、落丁、印刷不良などがございましたら、ご面倒ですが、小社営業部宛にお送りください。送料小社負担にてお取替えさせていただきます。

ISBN978-4-7942-2680-8　Printed in Japan　検印省略

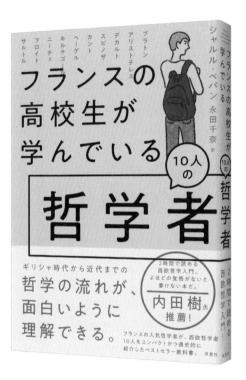